ADVENT

im Winterwald

ADVENT

im Winterwald

Advent im Winterwald

Kleine, süße Wichtelmädchen und die Tiere des Waldes verbringen hier zusammen die Adventszeit und freuen sich auf Heiligabend. Inmitten von Tannen und Fliegenpilzen sind sie stimmungsvoll in Szene gesetzt und versprühen pure Weihnachtsfreude.

Lassen Sie sich von den farbenfrohen Motiven und Gestaltungen zu einer fröhlichen Adventszeit anregen und haben Sie Freude an den feinen Stickereien und Nähereien. Ob gestickt oder genäht, hier finden Sie zu beiden Themen genügend Möglichkeit Ihrer Kreativität freien Lauf zu lassen.

Wir wünschen Ihnen eine fröhliche, gesegnete Vorweihnachtszeit!

Ute Menze und Meike Menze-Stöter

Windlichtmanschette

Gesamtgröße 63 x 13 cm (Umfang x Höhe)
Stickereigröße 12 x 9 cm
Stickmuster Seite 93

Das brauchen Sie

- 0,20 m Leinen, ungebleicht, 12-fädig, 1,40 m breit, Art.-Nr. 319-113N
- 0,15 m Baumwollstoff, rot-hellrot gestreift, 5 mm, 150 cm breit, Art.-Nr. 392-P-BB3451
- 0,10 m Baumwollstoff rot, mit weißen Punkten, 150 cm breit, Art.-Nr. 392-10506206
- 0,15 m Volumenvlies zum Aufbügeln, 90 cm breit, Art.-Nr. 3255-100
- 0,25 m Samt-Einfassband, elastisch, altrot, 16 mm breit, Art.-Nr. 6425-1830-016-360
- 0,30 m Samt-Zackenlitze, rot, 9 mm breit, Art.-Nr. 6425-0142-009-360
- 0,65 m Leinen-Dekoband, Schlaufen natur-rot, 10 mm breit, Art.-Nr. 6357-201
- 0,30 m Rüschenband, hellbraun-weiß kariert, 19 mm breit, elastisch, Art.-Nr. 6425-1824-019-402
- 0,30 m Zackenlitze, beige, 9 mm breit, Art.-Nr. 6425-0844-009-212

Bitte zuschneiden

- Leinen: 16,5 x 14,5 cm (A) / 2 Stück 5,5 x 14,5 (B)
- Gestreifter Baumwollstoff: 2 Stück 10,5 x 14,5 (C) / 60,5 x 14,5 cm (E)
- Gepunkteter Baumwollstoff: 2 Stück 10,5 x 14,5 (D)

Diese Zuschnitte ergeben die Größe 63 x 13 cm. Bei einem Windlicht mit anderen Maßen passen Sie die Zuschnitte bitte an.

1

2

3
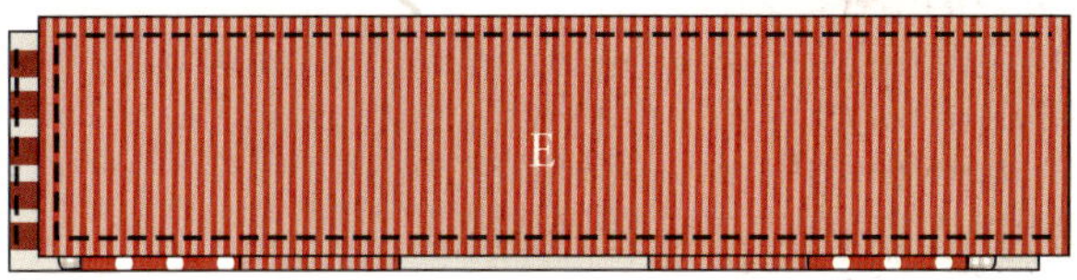

So geht's

Sticken Sie das Stickmuster mittig auf Zuschnitt (A). • Nähen Sie die Zuschnitte (C) links und rechts an Zuschnitt (A) (Bild 1). • Nähen Sie die Zuschnitte (D) links und rechts an Teil A/C (Bild 1). • Halbieren Sie das Rüschenband und nähen es mit den Zuschnitten (B) an das Teil A/C/D (Bild 1). • Bügeln Sie das Volumenvlies hinter Teil A/B/C/D (Vorderteil) . • Nähen und kleben Sie die Zackenlitzen auf die Nähte. • Teilen Sie das Samt-Einfassband in fünf je 5 cm lange Teile und legen Sie sie mit den samtigen Seiten nach unten an die kurze Seite vom Vorderteil und nähen Sie sie fest (Bild 2).

Legen Sie Zuschnitt (E) rechts auf rechts auf das Vorderteil und nähen es an den langen Seiten und der kurzen Seite mit den Bändern zusammen (Bild 3). • Wenden Sie das Teil und bügeln es. Schlagen Sie die Nahtzugabe der offenen kurzen Seite nach innen, stecken Sie die Bänder fest und schließen die Öffnung. • Nähen Sie das Leinen-Dekoband oben an die Manschette.

ADVENT

In diesem wunderbaren Adventssack finden all die schönen Dinge Platz, mit denen wir unsere Lieben in dieser stimmungsvollen Zeit verwöhnen und überraschen wollen.

Auch als rein dekoratives Stück verbreitet er herrliche Adventsstimmung.

Adventssack

Gesamtgröße 50 x 110 cm
Stickereigröße 44,5 x 13,5 cm
Stickmuster Seite 90 + 91
Schablone Nr. 5, 6, 14,
17a + b, 18a + b, Seite 102 + 107

Das brauchen Sie

- 0,55 m Druck-Leinenband Weiße Pünktchen, ungebleicht, 20 cm breit, 11-fädig, Art.-Nr. 5162-200-901900
- 1,10 m Sweatshirt-Stoff, rot, 160 cm breit, 75% BW, 25% PES, Art.-Nr. 3259-72270-339
- 1,10 m Leinenstoff, dunkelrot, 140 cm breit, Art.-Nr. 3259-61069-339
- 0,35 m Baumwollstoff, rot-hellrot gestreift, 5 mm, 150 cm breit, Art.-Nr. 392-P-BB3451
- 0,20 m Baumwollstoff rot, mit weißen Punkten, 150 cm breit, Art.-Nr. 392-10506206
- 0,25 m Baumwollstoff, rot-hellrot gestreift, 2 mm, 150 cm breit, Art.-Nr. 392-P340451
- 0,25 m Baumwollstoff, rot-hellrot gestreift, unterbrochene Blockstreifen, 150 cm breit, Art.-Nr. 392-P-BB3551
- 0,35 m Vliesofix, 90 cm breit, Art.-Nr. 3255-104
- 2,30 m Vlieseline, 90 cm breit, Art.-Nr. 3255-106

Bitte zuschneiden

- Druck-Leinenband: 55 x 20 cm
- Sweatshirt-Stoff: 2 Stück 55 x 115 cm (Futter)
- Leinenstoff: 2 Stück 55 x 115 cm (Außenteil)
- Baumwollstoff 2 mm gestreift: 2 Stück 135 x 10 cm (Band)

Das passt gut dazu

Rot-weißes Geschenkpapier beidseitig bedruckt, Größe je Bogen ca. 50 x 69 cm.

- Streifen & Sterne, Art.-Nr. 67211
- Karo & Pünktchen, Art.-Nr. 6697
- Tupfen & Streifen, Art.-Nr. 67216

Bild 1

Bild 2

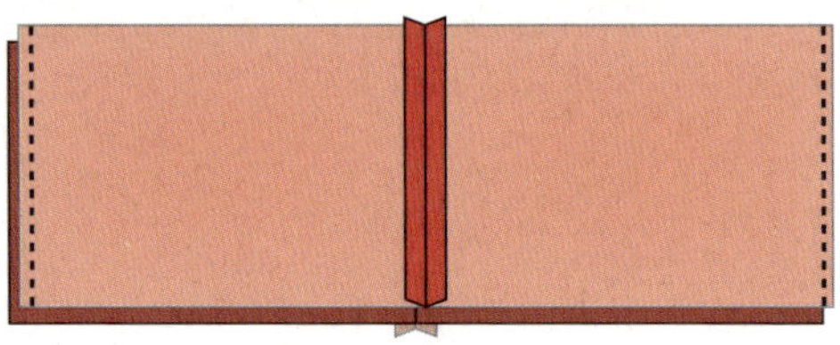

Bild 3

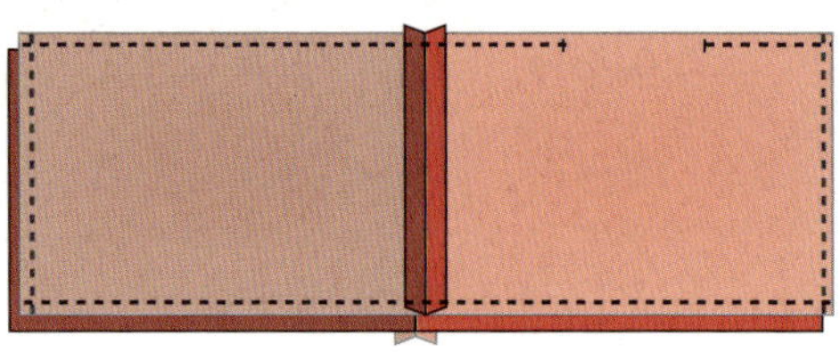

Bild 4

So geht's

Sticken Sie das Stickmuster im Kreuzstich mittig auf das Druck-Leinenband. • Bügeln Sie die Vlieseline hinter den Leinenstoff. Übertragen Sie die Schablonen mit Vliesofix auf die passenden Stoffe und applizieren Sie sie anschließend 12 cm vom unteren Rand entfernt auf das rote Leinen (Bild 1).

Nähen Sie das Druck-Leinenband über den Applikationen auf. • Legen Sie die Zuschnitte des Außenteils und des Futters rechts auf rechts und schließen Sie jeweils eine kurze Seite (Bild 2). • Falten Sie das Futter und das Außenteil auseinander und legen es wieder rechts auf rechts. Schließen Sie beide kurze Seiten (Bild 3). • Nun den Stoff verschieben, dass Futter auf Futter und Außenteil auf Außenteil liegt. Nähen sie die Seiten zusammen, lassen Sie im Futter eine Wendeöffnung (Bild 4). Wenden Sie den Sack, schließen Sie die Wendeöffnung und bügeln Sie den Sack gut.

Für das Band nähen Sie die Zuschnitte an einer kurzen Seite aneinander. • Legen Sie den zusammen genähten Zuschnitt der Länge nach rechts auf rechts. Nähen Sie an den kurzen Seiten eine Spitze und steppen Sie die lange Seite ab, lassen Sie eine Wendeöffnung frei. • Schneiden Sie die Nahtzugabe an den Spitzen zurück, wenden Sie das Band und schließen Sie die Wendeöffnung. Anschließend gut bügeln. Jetzt sind Sie an der Reihe den Sack mit Geschenken und anderen Herrlichkeiten zu füllen.

Mit verspielten Stoffrosetten, bedruckten Leinenknöpfen und Applikationen verzaubert uns diese schöne Leinen-Schleife. Der Filzstern, die Pünktchenperlen und der leuchtende Stern sind ideale Begleiter.

Adventsschleife

Gesamtgröße Stern mit Schleife
57 x 70 cm
Schablone Nr. 17a+b, 18a+b, Seite 107

Das brauchen Sie

- 1,40 m Leinenband natur mit Kordelrand, 10 cm breit, 11-fädig, Art.-Nr. 901-100-208
- 0,15 m Leinenstoff, rot, 140 cm breit, Art.-Nr. 3259-61069-638
- 0,15 Baumwollstoff rot, mit weißen Punkten, 150 cm breit, Art.-Nr. 392-10506206
- 0,15 m Baumwollstoff, rot-hellrot gestreift, unterbrochene Blockstreifen, 150 cm breit, Art.-Nr. 392-P-BB3551
- 0,15 m Baumwollstoff, rot-hellrot gestreift, 2 mm, 150 cm breit, Art.-Nr. 392-P340451
- Kreis-Schablone, Rapido, klein, 30 mm, Art.-Nr. 6257-8700
- Kreis-Schablone, Rapido, groß, 45 mm, Art.-Nr. 6257-8701
- Kreis-Schablone, Rapido, extragroß, 60 mm, Art.-Nr. 6257-8703
- Knopf-Set Advent, ungebleichtes Leinen rot bedruckt, 22 mm, Art.- Nr. 6357-002
- 3 x Wollband, gefilzt, 2,00 m, rot-weiß, Art.-Nr. 6405-30580
- Stern mit rot-weißem Filzband, fertig gebunden, 56 cm, Art.-Nr. 14007-01
- Textilkleber, Art.-Nr. 6257-715450
- Textilfarbe, weiß, 20 ml, Art.-Nr. 6360-9007563

Bitte zuschneiden

- Leinenband: 125 x 10 cm

Das passt gut dazu

- Herrnhuter Lichterstern, rot-weiß, Plastik, 13 cm, Art.-Nr. 6295-50117
- Netzgerät für Lichterstern, Art.-Nr. 6295-60201

So geht's

Falten Sie den Leinenband-Zuschnitt der Länge nach aufeinander und nähen Sie die kurzen Seiten 1 cm breit ab. • Bügeln Sie die Nahtzugabe auseinander, wenden Sie das Band zu einer Spitze und bügeln Sie es. • Übertragen Sie die Schablonen mit Vliesofix auf die passenden Stoffe und applizieren Sie sie anschließend auf das Leinenband. Pinseln Sie etwas weiße Textilfarbe auf die Pilzfüße • Fertigen Sie sechs unterschiedlich große Stoffrosetten an, Nähanleitung Seite 89. • Nähen Sie die Knöpfe auf die Stoffrosetten und kleben diese auf das Leinenband. • Binden Sie das Leinenband zu einer Schleife und befestigen Sie sie an dem Stern.

Wichtelkinder-Läufer

Gesamtgröße 150 x 30 cm
Stickereigröße max. 40,5 x 10,5 cm
Stickmuster Seite 98 + 99
Schablone Nr. 14 Seite 107

Das passt gut dazu

- Teller „Ihr Kinderlein kommet", Art.-Nr. 7-13961-03
- Becher „Ihr Kinderlein kommet", Art.-Nr. 7-12894
- Holz-Maus, braun, groß, Art.-Nr. 6268-212
- Holz-Maus, braun, klein, Art.-Nr. 6268-213
- Holz-Pilz, 5,5 cm, Art.-Nr. 6268-193
- Holz-Pilz, 7,5 cm, Art.-Nr. 6268-192
- Holz-Pilz, 9 cm, Art.-Nr. 6268-148
- Holz-Pilz, 12 cm, Art.-Nr. 6268-149
- Holz-Pilz, 15 cm, Art.-Nr. 6268-150

Das brauchen Sie

- 1,60 m Druck-Leinenband Weiße Pünktchen, ungebleicht, 30 cm breit, 11-fädig, Art.-Nr. 5162-300-901900
- 0,15 m Baumwollstoff, rot-hellrot gestreift, 5 mm, 150 cm breit, Art.-Nr. 392-P-BB3451
- 0,15 m Baumwollstoff rot, mit weißen Punkten, 150 cm breit, Art.-Nr. 392-10506206
- 0,15 m Baumwollstoff, rot-hellrot gestreift, unterbrochene Blockstreifen, 150 cm breit, Art.-Nr. 392-P-BB3551
- 0,15 m Baumwollstoff, rot-hellrot gestreift, 2 mm, 150 cm breit, Art.-Nr. 392-P340451
- 0,15 m Leinenstoff, dunkelrot, 140 cm breit, Art.-Nr. 3259-61069-339
- 0,15 m Leinenstoff, rot, 140 cm breit, Art.-Nr. 3259-61069-638
- 0,15 m Vliesofix, 90 cm breit, Art.-Nr. 3255-104

So geht's

Sticken Sie das Stickmuster mittig im Kreuzstich auf das Druck-Leinenband. Säumen Sie die Schnittkanten 2,5 cm breit.

Übertragen Sie die Schablone Nr. 14 mit Vliesofix auf die passenden Stoffe und applizieren Sie sie anschließend laut Abbildung auf das bestickte Druck-Leinenband.

ADVENT

ADVENT
AD

Das brauchen Sie

- Knopf-Set Advent, ungebleichtes Leinen rot bedruckt, 22 mm, Art.-Nr. 6357-002
- Knopf-Set Advent, gebleichtes Leinen rot bedruckt, 22 mm, Art.-Nr. 6357-001
- Druck-Leinenband „Raute“, 24 cm breit, Art.-Nr. 5156-240
- Leinen-Dekoband, schmal mit rot-weißen Ähren, Art.-Nr. 6357-251
- Filzstern, weiß, 3,5 cm, Art.-Nr. 6158-12335-01
- Filzstern, weiß, 4,5 cm, Art.-Nr. 6158-12335-11
- Satinband und Kunstilex

Advents-Licht

Bitte zuschneiden

- Der Zuschnitt richtet sich nach der Größe des von Ihnen gewählten Gefäßes.

So geht's

Messen Sie den Umfang des Gefäßes und schneiden Sie das Druck-Leinenband mit 8 cm Nahtzugabe zurecht. Säumen Sie das Band 2 cm breit.

Schlagen Sie das Leinenband in der Höhe passend um und kleben es so um das Gefäß. Bekleben Sie nun das Adventslicht mit Bändern, Knöpfen, Sternen und Ilexblättern.

Ganz leckere Nussecken

Zutaten für den Teig

300 g Mehl • 1 TL Backpulver • 120 g Zucker
1 Päckchen Vanillezucker • 2 Eier 120 g Butter

Zutaten für den Belag

4 EL Aprikosenmarmelade • 100 g Zucker
250 g Butter • 2 Päckchen Vanillezucker
3 EL Wasser • 200 g gehackte Haselnüsse
200 g gehackte Mandeln

Zutaten für die Glasur

200 g Zartbitter oder Vollmilch Kuvertüre

So geht's

Stellen Sie aus den Teig-Zutaten einen Knetteig her. Rollen Sie den Teig auf einem mit Backpapier belegten Blech aus. Bestreichen Sie den Teig mit der Aprikosenmarmelade. Schmelzen Sie die Butter in einem Topf, fügen Sie den Zucker und das Wasser hinzu und kochen diese Masse kurz auf. Geben Sie die Nüsse in den Topf und verteilen die Masse gleichmäßig auf dem Teig. Backen Sie die Nussecken 30 Minuten bei 180 °C Umluft. Nach dem Abkühlen schneiden Sie die Nussecken in Quadrate, diese halbieren Sie diagonal in die typischen Ecken. Hacken Sie die Schokolade in kleine Stückchen und schmelzen Sie sie in einem Wasserbad. Bestreichen Sie die eine Hälfte der Nussecke mit Schokolade und lassen Sie sie auf einem Rost abkühlen.

Winterwald

Winterwald im Sonnenglanze,
Reich an Silber und Demanten,
Die an jedem Zweige blitzen,
Die auf jeder Knospe brannten!

Rings ein Glimmern und ein Glühen,
Gleich als wollten eitle Zwerge
Einmal zum Verwundern zeigen
All den Reichtum ihrer Berge;

All den Hort geheimer Schätze,
Die sie rastlos schürften, scharrten:
Winterwald im Sonnenglanze,
Schöner als ein Frühlingsgarten!

Friedrich Wilhelm Weber (1729-1781)

Für Wichtelkind und Häschen geht es nach erfolgreich Weihnachtsbaumsuche zurück ins gemütliche Zuhause. Dieser zauberhafte Wandbehang ist ein Hingucker und besonders effektvoll gearbeitet. Ton in Ton gehalten ist er elegant und doch verspielt gestaltet. Die Ausschnitte lassen die Filzsterne besonders gut zur Geltung kommen.

Wandbehang Häschen

Gesamtgröße 20 x 75 cm
Stickereigröße 9,5 x 8 cm im Petit Point
Stickmuster Seite 95
Schablone Nr. 11+12, Seite 105

Das brauchen Sie

- 0,15 m Leinen, ungebleicht, 12-fädig, 1,40 m breit, Art.-Nr. 319-113N
- 0,80 m Druck-Leinenband Weiße Pünktchen, ungebleicht, 20 cm breit, 11-fädig, Art.-Nr. 5162-200-901900
- 0,50 m Rüschenband, hellbraun-weiß kariert, 19 mm breit, elastisch, Art.-Nr. 6425-1824-019-402
- 2,50 m Leinen-Zackenlitze, natur mit weißen Punkten, Art.-Nr. 6357-141
- 1,50 m Leinen-Dekokordel, natur, Art.-Nr. 6357-181
- 1 Filzstern, weiß, 5,5 cm, Art.-Nr. 6158-12335-21
- 1 Filzstern, weiß, 4,5 cm, Art.-Nr. 6158-12335-11
- 0,20 m Vlieseline, 90 cm breit, Art.-Nr. 3255-106
- 0,15 m Vliesofix, 90 cm breit, Art.-Nr. 3255-104
- Textilkleber, Art.-Nr. 6257-715450
- Holz-Deko-Stange, weiß, 36 cm lang, Art.-Nr. 6268-170
- Ilexblatt mit Beeren, Satinband und Reisig

Bitte zuschneiden

- Leinen: 25 x 15 cm

So geht's

Sticken Sie das Stickmuster mittig im Petit Point auf den Leinen-Zuschnitt. • Bügeln Sie die Vlieseline hinter das Druck-Leinenband. • Säumen Sie eine Schnittkante des Druck-Leinenbandes 2,5 cm breit. • Legen Sie die andere Schnittkante rechts auf rechts aufeinander und nähen sie 1 cm breit ab. Bügeln Sie die Nahtzugabe auseinander und wenden Sie das Druck-Leinenband zu einer Spitze. • Übertragen Sie die Schablonen Nr. 11 mit Vliesofix mittig hinter die Stickerei, schneiden Sie die Form aus und bügeln Sie sie anschließend mittig auf das Druck-Leinenband. Kleben Sie das Rüschenband auf den Rand der Applikation und fixieren Sie es mit einer Naht. Die Schablone Nr. 12 übertragen Sie 7 cm ober- und unterhalb der Stickerei mittig auf das Druck-Leinenband und schneiden die Ellipse aus. • Fixieren Sie die Schnittkante der Ellipsen mit einem Zickzackstich. • Kleben Sie die Leinen-Zackenlitze um die Ellipsen und befestigen Sie am Bandende die Filzsterne.
Schieben Sie die Deko-Stange durch den oberen Saum, knoten die Leinen-Dekobänder fest und verzieren Sie den Behang laut Abbildung mit der Floristik.

Winzig und fein sind diese kleinen Wichtelkinder in Petit Point gestickt. Einfach schön wirken sie in den rustikalen Herzrahmen.

Zwei Wichtelkinder

Gesamtgröße 14 x 14 cm
Stickereigröße max. 6 x 5 cm
in Petit Point
Stickmuster Seite 93, 94 + 95

Das brauchen Sie

- 0,20 m Leinen, ungebleicht, 12-fädig, 1,40 m breit, Art.-Nr. 319-113N
- 0,20 m Vlieseline, 90 cm breit, Art.-Nr. 3255-106
- Holzherz-Rahmen, 14 x 14 cm, mit Drahtaufhängung, Art.-Nr. 6357-008

Bitte zuschneiden

- Leinen: 2 Stück 20 x 20 cm

So geht's

Sticken Sie die Stickmuster im Petit Point auf die Leinen-Zuschnitte. • Bügeln Sie vor der Einrahmung die Vlieseline hinter die Stickereien.

Windlicht

Gesamtgröße 64 x 12 cm
(Umfang x Höhe)

Das brauchen Sie

- 0,70 m Leinenband natur, 12 cm breit, 11-fädig, Art.-Nr. 305-901-120
- 0,70 m Samt-Band perforiert, rot, Art.-Nr. 6425-0159-009-360
- 0,70 m Samt-Zackenlitze, rot, 9 mm breit, Art.-Nr. 6425-0142-009-360
- 0,70 m Schmuckwebband Advent, 5 cm breit, Art.-Nr. 35071
- 0,70 m Schmuckwebband Rotkehlchen & Sterne, 2 cm breit, Art.-Nr. 35073
- Textilkleber, Art.-Nr. 6257-715450

Bitte zuschneiden

- Leinenband: 66 x 12 cm (Umfang Gefäß + 2 cm x Bandbreite)

So geht's

Nähen und kleben Sie die Bänder, laut Abbildung, auf den Leinenband-Zuschnitt. Legen Sie das Band rechts auf rechts und nähen die Schnittkanten zusammen. Bügeln Sie die Nahtzugabe zu einer Seite und fixieren Sie sie mit einer Naht. Ziehen Sie die Manschette über das Windlicht. Wenn die Manschette etwas zu groß sein sollte, fixieren Sie die Manschette mit doppelseitigem Klebeband. Es lässt sich rückstandslos von dem Glas entfernen.

Diese Landschaft aus dekorierten Glasvasen ist ein stimmungsvolles Ensemble auf Tisch oder Fensterbank. Hier wurde nach Belieben mit Leinenstücken, Bändern und Accessoires dekoriert.

Adventssterne

Größe je Stern 21 x 21 x 5 cm

Das brauchen Sie

- Holz-Stern, rot, 21cm, Art.-Nr. 6405-30735
- Schmuckwebband Advent, 5 cm breit, Art.-Nr. 35071
- Schmuckwebband Wichtelkinder, 3 cm breit, Art.-Nr. 35072
- Schmuckwebband Rotkehlchen & Sterne, 2 cm breit, Art.-Nr. 35073
- Leinen, Dekobänder, Kunstfloristik, Metallherzen, Holzreh

So geht's

Diese dekorativen Holz-Sterne wurden mit Leinenstücken, feinen Schmuckwebbändern, kleinen Accessoires, Floristik und Deko-Bändern beklebt.

Kranz „Advent“

Gesamtgröße
35 x 35 cm

Das brauchen Sie

- 0,30 m Leinenstoff, dunkelrot, 140 cm breit, Art.-Nr. 3259-61069-339
- 0,27 m (1 Rapport) Schmuckwebband Advent, 5 cm breit, Art.-Nr. 35071
- 0,65 m Samt-Zackenlitze, rot, 9 mm breit, Art.-Nr. 6425-0142-009-360
- 0,65 m Samt-Band perforiert, rot, Art.-Nr. 6425-0159-009-360
- 0,30 m Vlieseline, 90 cm breit, Art.-Nr. 3255-106
- Wurzel-Kranz, Ø 35 cm, handgebunden, inkl. Metallring, Art.-Nr. 14007-02
- Textilkleber, Art.-Nr. 6257-715450

Bitte zuschneiden

- dunkelrotes Leinen: 62 x 26 cm

So geht's

Bügeln Sie die Vlieseline hinter den Leinen-Zuschnitt. Legen Sie das Leinen der Länge nach rechts auf rechts und nähen Sie die lange Seite zusammen. • Wenden Sie den Schlauch und bügeln ihn gut. Kleben und nähen Sie das Schmuckwebband und die Samt-Bänder mittig auf das Band.

Legen Sie das Band rechts auf rechts und nähen Sie die Schnittkanten zusammen. Bügeln Sie die Nahtzugabe zu einer Seite und fixieren Sie sie mit einer Naht. Ziehen Sie das Band über den mitgelieferten Metallring, schlagen Sie die überstehenden Ecken nach hinten um und nähen Sie sie mit feinen Saumstichen fest. • Befestigen Sie den Wurzel-Kranz mit Draht auf dem Metallring mit Band.

Feine Dekorationen

Passepartout-Stern
Gesamtgröße 31 x 31 cm
Advent-Bild
Gesamtgröße 46,5 x 17,5 cm

Das brauchen Sie für den Stern

- Passepartout Stern, rot, groß, 31 x 31 cm, Art.-Nr. 9112-PP-700-109
- 0,20 m Samt-Zackenlitze, rot, 9 mm breit, Art.-Nr. 6425-0142-009-360
- 0,15 m Schmuckwebband Wichtelkinder, 3 cm breit, Art.-Nr. 35072
- 0,25 m Schmuckwebband Rotkehlchen & Sterne, 2 cm breit, Art.-Nr. 35073
- Stern mit Tanne und Beeren, 26 x 26 cm, Art.-Nr. 14007-03

So geht´s

Kleben Sie die Bänder laut Abbildung, auf das Rückenteil des Passepartout-Sterns. Kleben Sie Vorder- und Rückenteil des Passepartout-Sterns aufeinander. Kleben Sie den Stern mit Tanne und Beeren auf das Passepartout.

Das brauchen Sie für das Bild

- 0,20 m Leinen, ungebleicht, 12-fädig, 1,40 m breit, Art.-Nr. 319-113N
- 0,27 m (1 Rapport) Schmuckwebband Advent, 5 cm breit, Art.-Nr. 35071
- 0,25 m Schmuckwebband Wichtelkinder, 3 cm breit, Art.-Nr. 35072
- 0,25 m Schmuckwebband Rotkehlchen & Sterne, 2 cm breit, Art.-Nr. 35073
- 0,65 m Samt-Band perforiert, rot, Art.-Nr. 6425-0159-009-360
- 0,30 m Samt-Zackenlitze, rot, 9 mm breit, Art.-Nr. 6425-0142-009-360
- 1,20 m Rüschenband Organza, rot, elastisch, 12 mm, Art.-Nr. 6425-1800-012-360
- Tannen-Girlande und Rüschenstern, handgebunden, Art.-Nr. 14007-04
- Textilkleber, Art.-Nr. 6257-715450

So geht´s

Übertragen Sie die Größe des Rahmen-Ausschnitts auf das Leinen. Nähen und kleben Sie die Bänder laut Abbildung auf das Leinen. Rahmen Sie das Leinen und dekorieren es mit der Girlande und dem Stern.

ADVENT

Das brauchen Sie

- 0,25 m Leinen, ungebleicht, 12-fädig, 1,40 m breit, Art.-Nr. 319-113N
- 0,15 m Baumwollstoff, rot gestr., 5 mm, 150 cm breit, Art.-Nr. 392-P-BB3451
- 0,15 m Baumwollstoff, rot gestreift, unterbr. Blockstreifen, 150 cm breit, Art.-Nr. 392-P-BB3551
- 0,50 m Leinenstoff, rot, 140 cm breit, Art.-Nr. 3259-61069-638
- 0,27 m (1 Rapport) Schmuckwebband Advent, 5 cm breit, Art.-Nr. 35071
- 0,50 m Schmuckwebband Wichtelkinder, 3 cm breit, Art.-Nr. 35072
- 0,40 m Schmuckwebband Rotkehlchen & Sterne, 2 cm breit, Art.-Nr. 35073
- 0,50 m Samt-Zackenlitze, rot, 9 mm breit, Art.-Nr. 6425-0142-009-360
- 1,00 m Samt-Band perforiert, rot, Art.-Nr. 6425-0159-009-360
- 0,70 m Rüschenband, braun. kar.,19 mm breit, elast., Art.-Nr. 6425-1824-019-006
- 1 Filzstern, weiß, 5,5 cm, Art.-Nr. 6158-12335-21
- 4 Filzsterne, weiß, 4,5 cm, Art.-Nr. 6158-12335-11
- 4 Filzkugeln, weiß, Art.-Nr. 6158-11811-03
- 0,25 m Vlieseline, 90 cm breit, Art.-Nr. 3255-106
- 0,50 m Volumenvlies zum Aufbügeln, 90 cm breit, Art.-Nr. 3255-100
- Textilkleber, Art.-Nr. 6257-715450

Winterspaziergang

Gesamtgröße 45 x 63 cm
Stickereigröße 18 x 15 cm
Stickmuster Seite 97

Bitte zuschneiden

- Leinen: 26,5 x 21,5 cm (A)
- gestreifter (5 mm) Baumwollstoff: 2 Stück 26,5 x 11,5 cm (B)
- Baumwollstoff mit Blockstreifen: 2 Stück 41,5 x 11,5 cm (C)
- rotes Leinen: 2 Stück 46,5 x 11,5 cm (D) / 46,5 x 61,5 cm (Rückenteil) / 40 x 11,5 cm (Schlaufen)

Bild 1

Bild 2

Bild 3

Bild 4

So geht's

Sticken Sie das Stickmotiv mittig im Kreuzstich auf den Leinen-Zuschnitt (A). Bügeln Sie die Vlieseline hinter den Leinen-Zuschnitt (A) (Bild 1). Nähen Sie Zuschnitt (B) oben und unten an Zuschnitt (A) und bügeln Sie die Nahtzugabe hinter Zuschnitt (B) (Bild 1).
Nähen Sie die Zuschnitte (C) links und rechts an Teil A/B und bügeln Sie die Nahtzugabe hinter Zuschnitt (C) (Bild 1). • Nähen Sie das Schmuckwebband Rotkehlchen & Sterne und kleben Sie das perforierte Samt-Band laut Abbildung auf die Naht. • Nähen Sie die Zuschnitte (D) oben und unten an Teil A/B/C und bügeln Sie die Nahtzugabe hinter Zuschnitt (D) (Bild 1).
Kleben und nähen Sie die Schmuckwebbänder und Deko-Bänder laut Abbildung auf Teil A/B/C/D (Vorderteil). Kleben Sie das Rüschenband und das Schmuckwebband Advent auf und fixieren es mit einer Naht. • Bügeln Sie das Volumenvlies hinter das Vorderteil. Legen Sie den Schlaufen-Zuschnitt der Länge nach rechts auf rechts und nähen ihn an der langen Seite zusammen (Bild 2). Wenden Sie das Teil und bügeln es gut. Schneiden Sie das Teil in 5 x 8 cm große Stücke (es ergeben sich 5 Schlaufen) (Bild 3).

Falten Sie die Schlaufen aufeinander und nähen Sie knappkantig in regelmäßigen Abstand oben an das Vorderteil (Bild 1). Legen Sie das Vorder- und das Rückenteil rechts auf rechts und nähen es rundherum zusammen, lassen Sie unten eine Wendeöffnung frei (Bild 4). Wenden Sie den Behang und bügeln ihn gut. Steppen Sie, von innen nach außen, im Nahtschatten die Nähte ab. Fädeln Sie die Filzsterne und -kugeln auf einen Silberdraht und befestigen diesen an der Behang-Stange.

Patchworkläufer Rehlein

Gesamtgröße 125 x 45 cm, Stickereigröße max. 11 x 10 cm
Stickmuster Seite 94 + 96 , Schablone Nr. 17a+b, 18a+b, Seite 107

Das brauchen Sie

- 0,25 m Leinen, ungebleicht, 12-fädig, 1,40 m breit, Art.-Nr. 319-113N
- 1,00 m Leinenstoff, rot, 140 cm breit, Art.-Nr. 3259-61069-638
- 0,30 m Baumwollstoff rot, mit weißen Punkten, 150 cm breit, Art.-Nr. 392-10506206
- 0,30 m Baumwollstoff, rot-hellrot gestreift, 2 mm, 150 cm breit, Art.-Nr. 392-P340451
- 0,90 m Volumenvlies zum Aufbügeln, 90 cm breit, Art.-Nr. 3255-100
- 0,10 m Vliesofix, 90 cm breit, Art.-Nr. 3255-104
- 0,25 m Vlieseline, 90 cm breit, Art.-Nr. 3255-106

Bitte zuschneiden

- Leinen: 2 Stück 21,5 x 21,5 cm (A)
- Rotes Leinen: 8 Stück 11,5 x 11,5 cm (B)/ 41,5 x 41,5 cm (E)/ 125 x 45 cm (Rücken)/ 2 Streifen 140 x 6,5 cm und 2 Stück 12 x 6,5 cm für das Randbinding
- Roter Baumwollstoff mit Punkten: 8 Stück 11,5 x 11,5 cm (C)/ 2 Streifen 140 x 6,5 cm und 2 Stück 12 x 6,5 cm für das Randbinding
- Gestreifter Baumwollstoff: 8 Stück 11,5 x11,5 cm (D) / 2 Streifen 140 x 6,5 cm und 2 Stück 12 x 6,5 cm für das Randbinding

Feine Stiche und kräftige Farben zaubern Weihnachtsstimmung auf den Tisch.

Bild 1

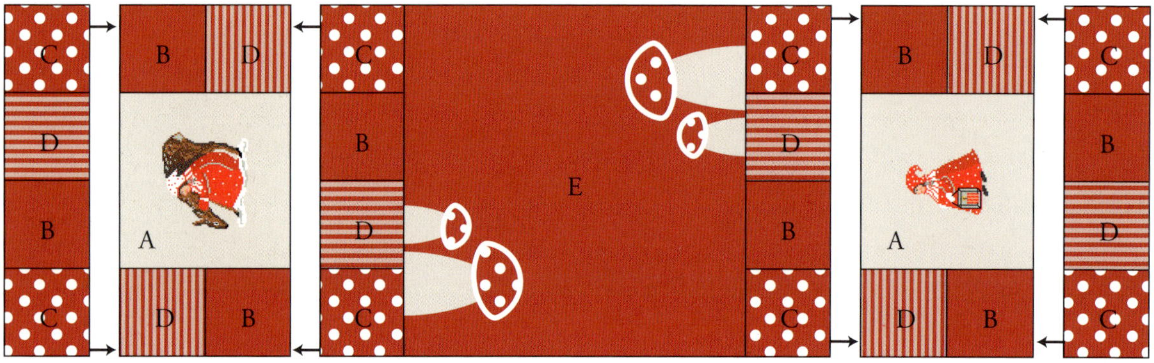

Bild 2

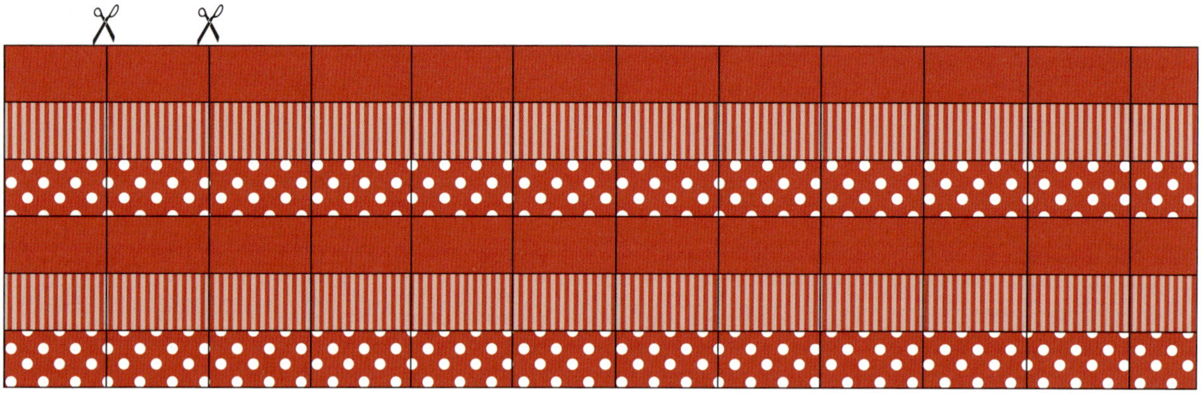

Bild 3

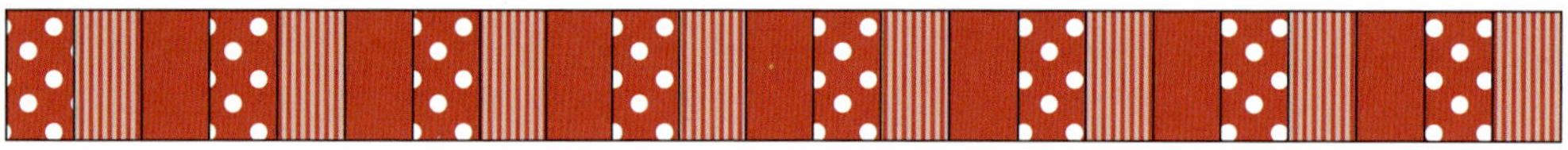

Bild 4

Bild 5

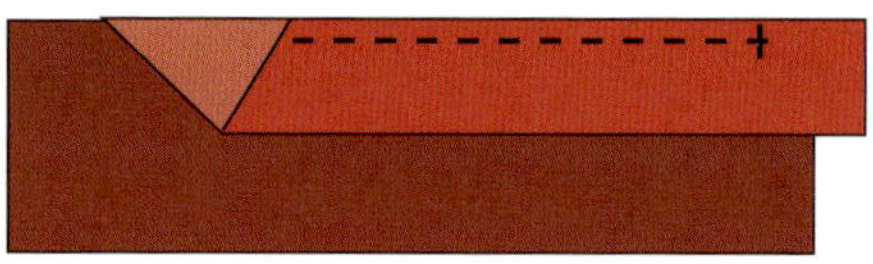

Bild 6

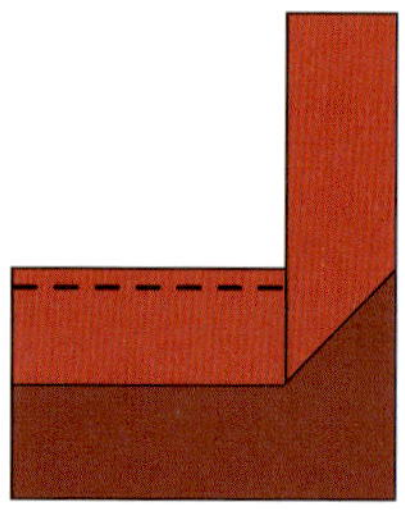

Bild 7

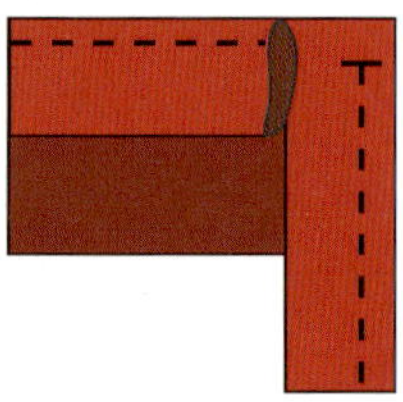

Bild 8

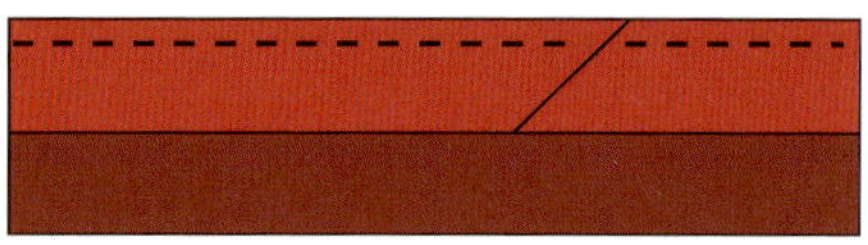

Bild 9

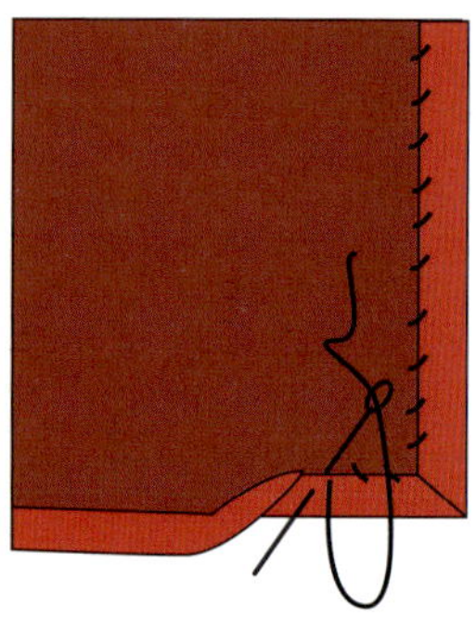

So geht's

Sticken Sie die Stickmuster mittig im Kreuzstich auf die Leinen-Zuschnitte (A) und bügeln Sie Vlieseline dahinter. • Nähen Sie die Zuschnitte (B), (C) und (D) an die Zuschnitte (A) (Bild 1).
Nähen Sie nun die Teile A/B/C/D oben und unten an Zuschnitt (E). • Übertragen Sie die Schablonen mit Vliesofix auf die passenden Stoffe und applizieren Sie sie anschließend laut Abbildung auf das rote Leinen. • Bügeln Sie das Volumenvlies auf den Rücken-Zuschnitt und kleben Sie das gepatchte Vorderteil mit Textilsprühkleber mittig auf das Vlies. Quilten Sie die Quernähte.
Nähen Sie die Streifen-Zuschnitte zusammen (Bild 2). • Für das Rand-Binding, schneiden Sie dieses Rechteck in 12 cm breite Streifen (Bild 2) und nähen diese, der Reihenfolge entsprechen aneinander.

Nähen Sie die 12 x 6,5 cm großen Zuschnitte ebenfalls der Farbreihenfolge entsprechend an das lange Band (Bild 3). • Schlagen Sie den Anfang des Bandes im 45 Winkel zur linken Stoffseite ein (Bild 4), bügeln Sie den Streifen der Länge nach aufeinander (Bild 5). • Legen Sie die Einfassung an die Schnittkante des Vorderteils und beginnen Sie mit der Naht 10 cm nach dem Anfang (Bild 5).
Um eine Ecke zu nähen müssen Sie 0,75 cm vor der Kante stoppen. Drehen Sie den Läufer um 90 gegen den Uhrzeigersinn und schlagen Sie die Einfassung nach oben (Bild 6) und falten ihn nach unten entlang der nächsten Kante (Bild 7).
Nähen Sie nun die zweite Kante an bis zur nächsten Ecke. Verfahren Sie dort, wie gerade beschrieben und fertigen Sie so alle Ecken. • Wenn Sie am Anfang angekommen sind schieben Sie das Ende in die Einfassung (Bild 8). • Schlagen Sie nun die Einfassung zur Rückseite und nähen sie mit einem Saumstich fest (Bild 9).
Das Band wurde einfarbig dargestellt, um die Skizzen anschaulicher zu gestalten.
Das original Band ist ersichtlich in Bild 3.

Wintertannen

Tanne Groß 29 x 34 cm
Tanne Klein 17 x 21 cm
Schablone Nr. 5 + 6,
Seite 102

Das brauchen Sie

- Baumwollstoffe und/ oder Leinen
- Füllwatte, 100 g Beutel, Art.-Nr. 6269-150
- Zimtstangen

Bitte zuschneiden

- Tanne Groß: 2 Stück 35 x 40 cm
- Tanne Klein: 2 Stück 25 x 25 cm

So geht's

Übertragen Sie die entsprechende Schablone Nr. 5 (Groß) oder Nr. 6 (Klein) auf den doppelt liegenden Stoffzuschnitt. • Nähen Sie die Tanne entlang der Umrisslinie zusammen, lassen Sie unten eine Wendeöffnung frei (Bild 1). • Schneiden Sie die Tanne 0,5 cm neben der Naht aus und schneiden Sie die Nahtzugabe, besonders an den Ecken und Spitzen, bis kurz vor die Naht ein.
Wenden Sie die Tanne, bügeln Sie sie gut und füllen sie mit Füllwatte. Achten Sie darauf die Füllwatte gut in die Spitzen zu stopfen

Als Fuß können Sie Zimtstangen oder Äste verwenden. Stecken Sie die Tannen in mit Granulat befüllte Zinkgefäße, in einen Blumentopf, in dekorierte Steckmasse oder was Ihnen sonst zu unseren zauberhaften Tannen einfällt.

Bei Tannen mit Pilzapplikationen wurden die Schablonen Nr. 17a+b und 18a+b für die Applikation verwendet. Die Motive werden vor dem zusammennähen appliziert.

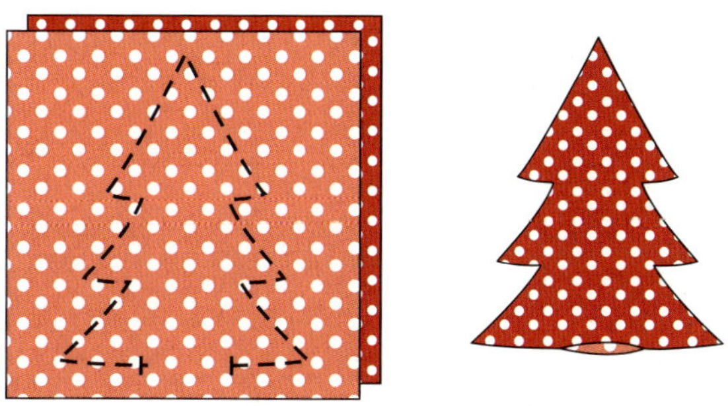

Winterhase

Gesamtgröße 20 x 24 cm
Schablone Nr. 8a-c, 13b,
Seite 103 + 106

Das brauchen Sie

- 0,30 m Wolle, gekocht, nougat, 130 cm breit, Art.-Nr. 3259-70749-675
- 0,10 m Walkloden, weiß, 100% Schurwolle,155 cm breit, Art.-Nr. 3259-52894
- 0,30 m Karoband, rot-weiß kariert, 5 mm, Art.-Nr. 6425-0174-005-204
- 1 Füllwatte, 100 g Beutel, Art.-Nr. 6269-150
- Textilkleber, Art.-Nr. 6257-715450
- Textilfarbe, weiß, 20 ml, Art.-Nr. 6360-9007563
- etwas V&H Stickgarn Nr. 3996, 3006 und 3042

So gehts

Fertigen Sie den Hasen-Körper nach dem Schema der Nähanleitung für Tierkörper Seite 88.
Schablonen: Körper Nr. 8a / Ohren Nr. 8b / Brust Nr. 8c / Schwänzchen Nr. 8d

Für die Ohren übertragen Sie die Schablone Nr. 8b zweimal auf den doppelt liegenden Wollstoff. • Nähen Sie die Ohren rechts neben der Umrisslinie mit einem Zickzackstich zusammen (Bild 1). • Schneiden Sie auch die Ohren knapp neben der Naht aus. • Nähen Sie die Ohren an den Kopf des Tieres (Bild 4).

Für die Brust übertragen Sie Schablone Nr. 8c einmal auf den weißen Walkloden und schneiden Sie die Form aus. • Fixieren Sie die weiße Brust mit etwas Textilkleber auf dem Tier und nähen den Rand mit einem Knopflochstich fest (Bild 4).

Für das Schwänzchen übertragen Sie die Schablone Nr. 8d auf den aufeinander liegenden weißen und den nougatfarbenen Wollstoff, nähen Sie die Rundung zusammen (Bild 3) und schneiden Sie die Form aus. Füllen Sie das Schwänzchen mit etwas Füllwatte und nähen es unten zu. • Kleben Sie das Schwänzchen an das Tier (Bild 4). • Die Nase und die Augen sticken Sie mit schwarzem und weißem Stickgarn auf den Stoff. • Hellen Sie die Ohren und das Schnäuzchen mit weißer Textilfarbe auf. • Binden Sie dem Hasen eine Schleife aus dem Karoband. • Befestigen Sie dem Hasen etwas Draht als Barthaare an der Nase. Zur Stabilität der Ohren kann etwas Draht durch die Ohren geführt werden.

Bild 1

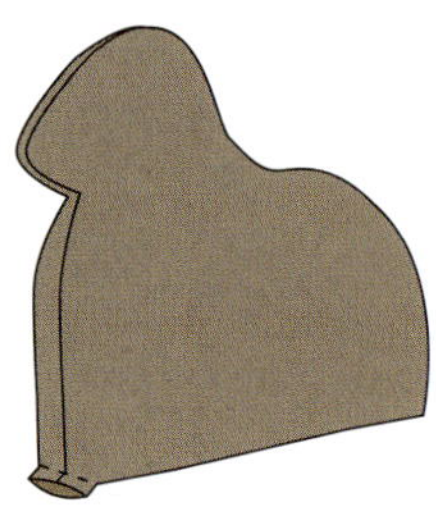

Bild 2

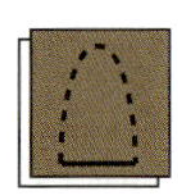

Bild 3

Bild 4

Dieser kleine Winterhase hoppelt durch den verschneiten Tannenwald und zaubert uns so ein Lächeln auf das Gesicht.
Dieses liebevolle Arrangement kann durch Kerzen oder eine Lichterkette noch stimmungsvoll ergänzt werden.

Kuschelhase

Gesamtgröße 60 x 40 cm
Schablone Nr. 20, Seite 108
Nr. 16a-c, 18a-c, Seite 107

Das brauchen Sie

- 0,45 m Plaidstoff, Karomuster mit Aida-Gewebe, creme, 100% Wolle, 160 cm breit, Art.-Nr.3395-104
- 0,30 m Wolle, gekocht, nougat, 130 cm breit, Art.-Nr. 3259-70749-675
- 0,15 m Leinen, ungebleicht, 12-fädig, 1,40 m breit, Art.-Nr. 319-113N
- 0,15 m Baumwollstoff rot, mit weißen Punkten, 150 cm breit, Art.-Nr. 392-10506206
- 0,10 m Baumwollstoff, rot-hellrot gestreift, 2 mm, 150 cm breit, Art.-Nr. 392-P340451
- Dauneninlett, 60 x 40 cm, Art.-Nr. 393-4060
- etwas V&H Stickgarn Nr. 3042

Bitte zuschneiden

- Plaidstoff: 61,5 x 41,5 cm (Vorderteil)/ 61,5 x 26,5 (A) / 61,5 x 16,5 (B)
- Roter Baumwollstoff mit weißen Punkten: 40 x 8 cm (Schal)

So geht's

Übertragen Sie die Schablonen mit Vliesofix auf die passenden Stoffe und applizieren Sie sie anschließend, laut Abbildung auf das Vorderteil.

Nähen Sie die Augen und Nase mit schwarzem Garn. Legen Sie den Schal-Zuschnitt der Länge nach rechts auf rechts. • Nähen Sie an den kurzen Seiten eine Spitze und steppen Sie die lange Seite ab. • Schneiden Sie die Nahtzugabe an den Spitzen zurück und halbieren Sie das Band. Wenden Sie die Bandhälften und schließen Sie die Wendeöffnung. Anschließend gut bügeln. • Falten Sie die Schnittkanten der Bänder und nähen sie mit einem Zickzackstich auf die Hasenapplikation. • Nähen Sie in die Zuschnitt (A) und (B) einen Reißverschluss, wie in der Anleitung Kissen mit Maus beschrieben.

Kuschelweich und bildschön ist dieses Kissen. Ein besonders angenehmer Plaidstoff ist hierfür verwendet worden. Fertigen Sie doch gleich eine passende Decke mit schönen Applikationen dazu und schon sind warme Winterabende garantiert.

Rotkehlchenkranz

Gesamtgröße 35 x 35 cm
Stickereigröße 6,5 x 5,5 cm
Stickmuster Seite 100
Schablone Nr. 12,
Seite 105

Das brauchen Sie

- 0,15 m Leinen, ungebleicht, 12-fädig, 1,40 m breit, Art.-Nr. 319-113N
- 0,65 m Leinenband gestreift, 12 cm breit, 11-fädig, Art.-Nr. 3020-120
- 0,35 m Rüschenband, braun-beige kariert, 19 mm breit, elastisch, Art.-Nr. 6425-1824-019-006
- 0,15 m Vliesofix, 90 cm breit, Art.-Nr. 3255-104
- Textilkleber, Art.-Nr. 6257-715450
- Kranz für Rotkehlchen, Ø 35 cm, Art.-Nr. 14007-06

Bitte zuschneiden

- Leinen: 15 x 15 cm
- Druck-Leinenband: 63 x 12 cm

So geht's

Sticken Sie das Stickmuster im Kreuzstich mittig auf den Leinen-Zuschnitt. • Übertragen Sie die Schablonen Nr. 12 mit Vliesofix mittig hinter die Stickerei und bügeln Sie sie anschließend mittig auf das Leinenband. • Kleben Sie das Rüschenband auf den Rand der Applikation und fixieren es mit einer Naht. • Falten Sie das Leinenband rechts auf rechts und nähen Sie die Schnittkanten zusammen. Bügeln Sie die Nahtzugabe zu einer Seite und steppen Sie sie 5 mm neben der Naht fest.

Ziehen Sie das Leinenband über den Metallring und platzieren Sie das Rotkehlchen mittig im Ring. • Schlagen Sie die Ecken des Bandes nach hinten und nähen Sie diese mit einem Saumstich fest. Befestigen Sie den Kranz mit feinem Draht auf dem Metallring.

Wintervogel

Gesamtgröße 18 x 15 cm

Schablone Nr. 9a-d, Seite 104

Das brauchen Sie

- 0,10 mWolle, gekocht, terrakotta, 130 cm breit, Art.-Nr. 3259-70749-713
- 0,20 m Schurwolle, gekocht, hellgrau, 135 cm breit, Art.-Nr. 3259-70689-1285
- 0,15 m Walkloden, weiß, 100% Schurwolle, 155 cm breit, Art.-Nr. 3259-52894
- 0,15 m Schurwolle, gekocht, dunkelgrau, 135 cm breit, Art.-Nr. 3259-70689-1789
- 1x Füllwatte, 100 g Beutel, Art.-Nr. 6269-150
- etwas V&H Stickgarn Nr. 3042

So geht's

Übertagen Sie die Schablone Nr. 9a auf den doppelt liegenden hellgrauen Wollstoff. • Nähen Sie mit einem Zickzackstich rechts neben der Umrisslinie entlang, lassen Sie vorne eine Wendeöffnung frei und nähen Sie die Einkerbung nicht zusammen (Bild 1). • Schneiden Sie den Vogel knapp neben der Naht aus. Legen Sie die Einkerbung aufeinander und nähen Sie sie zusammen (Bild 2). Füllen Sie den Vogel mit Füllwatte und etwas Granulat.

Übertragen Sie die Schablone Nr. 9b auf den terrakottafarbenen, Schablone Nr. 9d auf den weißen und Schablone Nr. 9c auf den dunkelgrauen Walk und schneiden Sie die Formen aus. • Kleben Sie die Bauchvorlage an dem Vogel fest und fixieren Sie den Rand mit einem Knopflochstich (Bild 3). Kleben Sie die Gesichtsvorlage (über den Schnabel stülpen) und die Flügelvorlage an dem Vogel fest und fixieren Sie den Rand mit einem Knopflochstich (Bild 4).
Passen Sie etwas dunkelgrauen Wollstoff an den Schnabel an und bekleben ihn damit. Sticken Sie die Augen mit schwarzem Stickgarn.

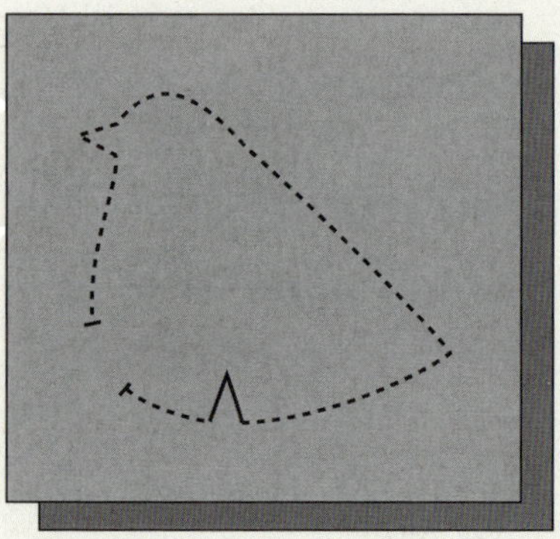

Bild 1

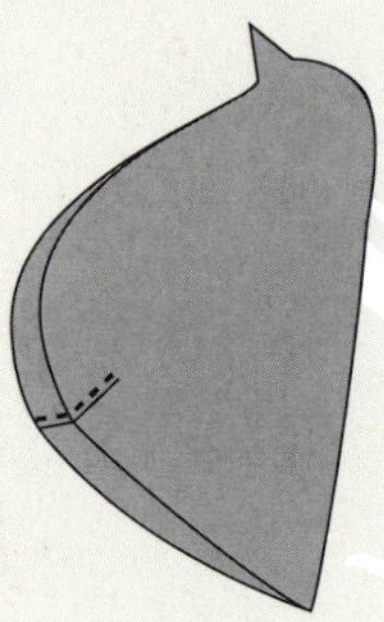

Bild 2

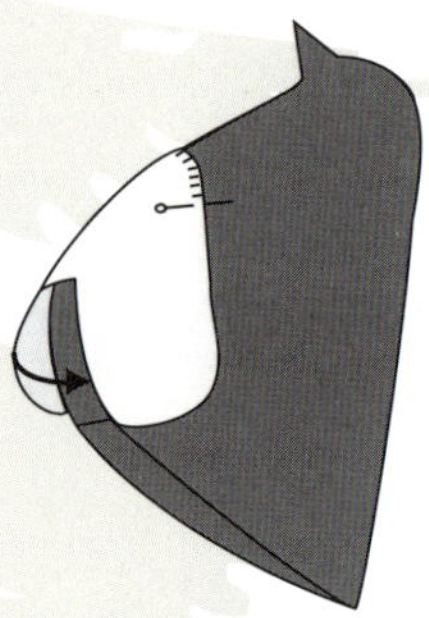

Bild 3

Bild 4

Dieses Rotkehlchen überwintert natürlich im heimischen Wald. Ist ja auch kein Wunder, wo doch so viel dort in der Adventszeit passiert und es so viel zu sehen gibt.

Winterfuchs

Gesamtgröße 30 x 40 cm

Schablone Nr. 1a + 1b, Seite 101

Das brauchen Sie

- 0,20 m Leinen, ungebleicht, 12-fädig, 1,40 m breit, Art.-Nr. 319-113N
- 0,35 m Wolle, gekocht, terrakotta, 130 cm breit, Art.-Nr. 3259-70749-713
- 0,20 m Vlieseline, 90 cm breit, Art.-Nr. 3255-106
- 3 Füllwatte, 100 g Beutel, Art.-Nr. 6269-150
- Textilfarbe, weiß, 20 ml, Art.-Nr. 6360-9007563
- etwas V&H Stickgarn Nr. 2045 und 3042

Bitte zuschneiden

- Leinen: 2 Stück 20 x 20 cm
- Wollstoff: 75 x 35 cm

So geht's

Legen Sie den Woll-Zuschnitt rechts auf rechts aufeinander und nähen die lange Seite zusammen, wobei Sie 25 cm vor dem Ende das Ende spitz zulaufen lassen (Bild 1). • Schneiden Sie das überflüssige Material ab und wenden Sie den Schlauch (Bild 2). • Füllen Sie den Schlauch mit Füllwatte. Binden Sie den Fuchsschwanz 25 cm vor der Spitze zusammen und schließen Sie die Öffnung mit Handstichen (Bild 3).
Legen Sie den Schlauch in eine Rundung, so dass die ehemalige Öffnung an die Mitte des Schwanzes trifft. Dort nähen Sie den Körper an dem Fuchsschwanz fest.

Für den Kopf bügeln Sie das Volumenvlies hinter die Leinen-Zuschnitte. • Legen Sie die Zuschnitte rechts auf rechts und übertragen Sie die Schablone Nr. 1a auf das Leinen. • Nähen Sie den Kopf entlang der Umrisslinie zusammen, lassen Sie eine Wendeöffnung. • Schneiden Sie die Nahtzugabe auf 0,5 cm zurück und in regelmäßigen Abständen bis kurz vor die Naht ein. Wenden Sie den Kopf, füllen ihn mit Füllwatte und schließen Sie die Wendeöffnung.

Übertragen Sie die Schablone Nr. 1b auf den Wollstoff und schneiden Sie die Blesse aus. • Legen Sie die Blesse auf den Kopf und fixieren Sie sie am Rand mit etwas Textilkleber. • Nähen Sie nun die Blesse am Kopf mit einem Knopflochstich fest. Füllen Sie bevor Sie rundherum sind die Blesse mit etwas Füllwatte. • Sticken Sie mit schwarzen Stickgarn die Augen und die Nase. • Färben Sie den Schwanz und die Blesse mit etwas weißer Textilfarbe. Nähen Sie den Kopf auf den Körper (Bild 4).

Bild 1

Bild 2

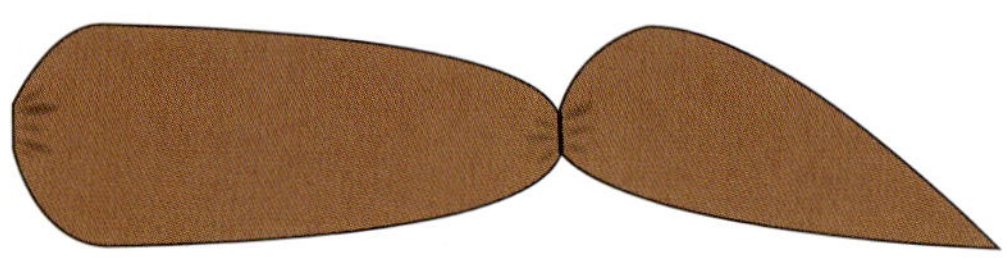

Bild 3

Bild 4

Vielseitig einsetzbar sind diese Adventsaufsteller.
Als Tischdekoration, auf der Fensterbank, dem Regal oder auf einem Sims machen sie stets eine gute Figur.

Advent-Aufsteller

Gesamtgröße max. 12 x 18 cm
Stickereigröße max. 10,5 x 15 cm
Stickmuster Seite 90 + 91
Schablone Nr. 2a+2b, Seite 101

Das brauchen Sie

- 0,60 m Leinen, ungebleicht, 10-fädig, 1,40 m breit, Art.-Nr. 319-103N
- 0,60 m Vlieseline, 90 cm breit, Art.-Nr. 3255-106
- 3 Füllwatte, 100 g Beutel, Art.-Nr. 6269-150
- Granulat

Bitte zuschneiden

Leinen: 12 Stück 22 x 30 cm

Das passt gut dazu

- Holz-Pilz, 5,5 cm, Art.-Nr. 6268-193
- Holz-Pilz, 7,5 cm, Art.-Nr. 6268-192
- Holz-Pilz, 9 cm, Art.-Nr. 6268-148
- Holz-Pilz, 12 cm, Art.-Nr. 6268-149
- Holz-Pilz, 15 cm, Art.-Nr. 6268-150

So geht's

Sticken Sie die Buchstaben des Stickmusters einzeln im Kreuzstich mittig auf sechs Zuschnitte. • Bügeln Sie Vlieseline hinter die 12 Zuschnitte. • Die Schablone Nr. 2a übertragen Sie 3,5 cm vom unteren Rand der Stickerei entfernt auf das Leinen der Buchstaben A, D, E, N und T.
Die Schablone Nr. 2b übertragen Sie ebenfalls 3, 5 cm vom unteren Rand der Stickerei entfernt auf das Leinen des Buchstaben V. • Legen Sie die Stickereien rechts auf rechts auf einen unbestickten Zuschnitt und nähen Sie die Form entlang der Umrisslinie zusammen. Achtung: Lassen Sie an der Seite eine Wendeöffnung frei und nähen Sie die Einkerbung nicht zusammen (Bild 1).

Schneiden Sie 0,5 cm neben der Umrisslinie die Form aus und schneiden Sie die Nahtzugabe in der Rundung bis vor die Naht ein. • Nähen Sie nun die Einkerbungen als Boden ab (Bild 2). • Wenden Sie das Teil und bügeln es. Füllen Sie den Buchstaben mit Füllwatte und Granulat. • Schließen Sie die Wendeöffnung mit feinen Saumstichen (Bild 3). Verfahren Sie so mit allen Buchstaben.

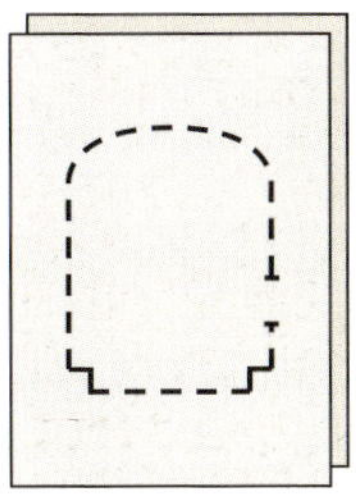
Bild 1

Bild 2

Bild 3

Pilzdeckchen

Gesamtgröße 45 x 45 cm
Schablone Nr. 17a+b, 18a-c, Seite 107

Das brauchen Sie

- 0,10 m Leinen, ungebleicht, 12-fädig, 1,40 m breit, Art.-Nr. 319-113N
- 0,10 m Baumwollstoff rot, mit weißen Punkten, 150 cm breit, Art.-Nr. 392-10506206
- 0,10 m Vliesofix, 90 cm breit, Art.-Nr. 3255-104
- Leinenset, handgewebt, 8-fädig, 45 x 45 cm, Art.-Nr. 3133-102
- Textilfarbe, weiß, 20 ml, Art.-Nr. 6360-9007563

So geht's

Übertragen Sie die Schablonen Nr. 17a+b und 18a-c mit Vliesofix auf die passenden Stoffe und applizieren Sie sie anschließend, laut Abbildung auf das Leinenset. • Vezieren Sie die Pilzfüße mit etwas weißer Textilfarbe.

Das passt gut dazu

- Holzkugel, rot mit weißen Punkten, groß, Art.-Nr. 6158-80501-21
- Holzkugel, rot mit weißen Punkten, mittel, Art.-Nr. 6158-80501-11
- Holzkugel, rot mit weißen Punkten, klein, Art.-Nr. 6158-80501-01
- Holzkugel, weiß mit roten Linien, groß, Art.-Nr. 6158-80504-02
- Teller „Fliegenpilz“, Ø 21 cm, Art.-Nr. 7-14361-3

Serviette mit Pilz

Gesamtgröße 25 x 25 cm
Schablone Nr. 17a+b, Seite 107

Das brauchen Sie

- 0,10 m Leinen, ungebleicht, 12-fädig, 1,40 m breit, Art.-Nr. 319-113N
- 0,10 m Baumwollstoff rot, mit weißen Punkten, 150 cm breit, Art.-Nr. 392-10506206
- 0,10 m Vliesofix, 90 cm breit, Art.-Nr. 3255-104
- Leinen-Serviette, natur mit Hohlsaum, handgewebt, 25 x 25 cm, Art.-Nr. 3133-127
- Textilfarbe, weiß, 20 ml, Art.-Nr. 6360-9007563

So geht's

Übertragen Sie die Schablonen Nr. 17a und 17b mit Vliesofix auf die passenden Stoffe und applizieren Sie sie anschließend auf die Leinen-Serviette. Fixieren Sie die Applikationen mit einem Zick-zackstich. • Vezieren Sie den Pilzfuß mit etwas weißer Textilfarbe.

Adventskalender

Größe eines Säckchens
10 x 20 cm

Das brauchen Sie

- 0,45 m Leinen, ungebleicht, 12-fädig, 1,40 m breit, Art.-Nr. 319-113N
- 0,45 m Leinenstoff, dunkelrot, 140 cm breit, Art.-Nr. 3259-61069-339
- 0,45 m Leinenstoff, rot, 140 cm breit, Art.-Nr. 3259-61069-638
- 0,45 m Baumwollstoff, rot-hellrot gestreift, 2 mm, 150 cm breit, Art.-Nr. 392-P340451
- 0,15 m Baumwollstoff, rot-hellrot gestreift, 5 mm, 150 cm breit, Art.-Nr. 392-P-BB3451
- 0,15 m Baumwollstoff rot, mit weißen Punkten, 150 cm breit, Art.-Nr. 392-10506206
- 0,15 m Baumwollstoff, rot-hellrot gestreift, unterbrochene Blockstreifen, 150 cm breit, Art.-Nr. 392-P-BB3551
- 3,00 m Leinenband natur-rot gestreift, 5,5 cm breit, 11-fädig, Art.-Nr. 3021-055-230
- 3,00 m Leinen-Dekokordel, natur, Art.-Nr. 6357-181
- 3,00 m Satinband, altrot, doppelseitig, Art.-Nr. 6425-0419-1.5-360
- Kreis-Schablone, Rapido, klein, 30 mm, Art.-Nr. 6257-8700
- Kreis-Schablone, Rapido, groß, 45 mm, Art.-Nr. 6257-8701
- Kreis-Schablone, Rapido, extragroß, 60 mm, Art.-Nr. 6257-8703
- Knopf-Set Zahlen 1- 24, rot bedrucktes ungebleichtes Leinen, 22 mm, Art.-Nr. 6357-007
- Textilkleber, Art.-Nr. 6257-715450
- 6 x Wollband, gefilzt, rot-weiß, à 2 m, Art.-Nr. 6405-30580
- Lichterkette

Bitte zuschneiden

- Leinen ungebleicht: 80 x 45 cm
- Leinenstoff dunkelrot: 80 x 45 cm
- Leinenstoff rot: 80 x 45 cm
- Baumwollstoff 2 mm gestreift: 80 x 45cm

So geht's

Säumen Sie die langen Seiten des Zuschnitts 1 cm breit (Bild 1). • Falten Sie den Zuschnitt rechts auf rechts (Bild 2). Zeichnen Sie fünf Linien im Abstand von 13 cm auf den Stoff (Bild 2). • Nähen Sie füßchenbreit rechts und links neben den Linien und die rechte und linke Kante (Bild 3).

Schneiden Sie den Stoff zwischen den zwei Nähten in sechs Beutel (Bild 4). • Nähen Sie nach diesem Schema alle Zuschnitte. Wenden Sie die Beutel und bügeln sie. • Fertigen Sie 24 unterschiedlich große Stoffrosetten an, Nähanleitung Seite 89. • Nähen Sie die Zahlenknöpfe auf die Stoffrosetten und kleben diese auf die Beutel.

Flechten Sie die 6 Filzschnüre zu einem 1,50 m langen Zopf, stecken Sie die Birnen der Lichterkette von hinten in den Zopf. • Befestigen Sie den Zopf, das halbierte gestreifte Leinenband und Zweige auf einer 150 x 50 cm großen Holztafel und nageln Sie die zugebundenen Beutel fest. An diesem Adventskalender haben auch die Großen ihre Freude.

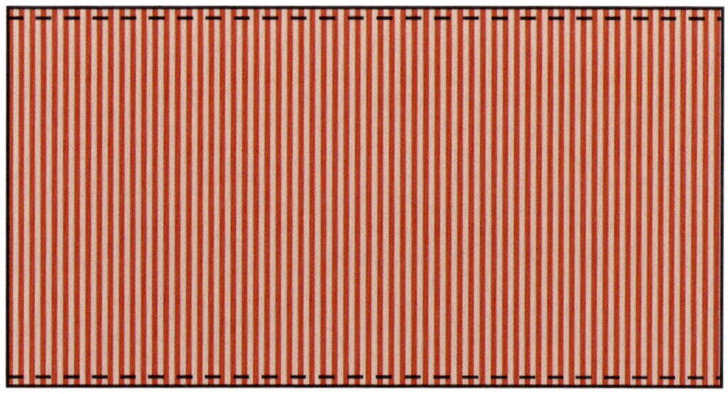

Bild 1

Bild 2

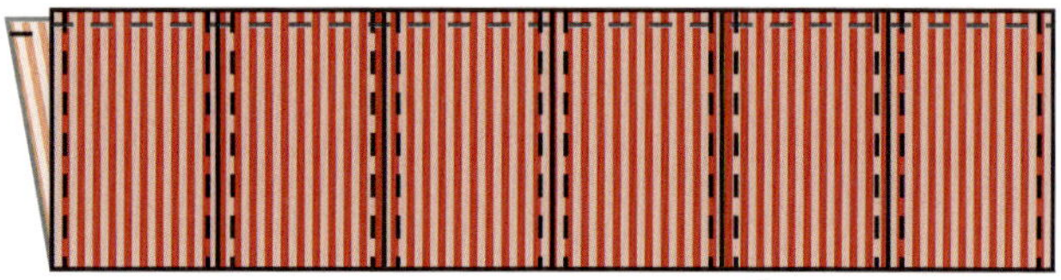

Bild 3

Bild 4

Vorfreude ist die schönste Freude.

Dieser Adventskalender, mit seinen 24 liebevoll genähten Säckchen, läßt Groß und Klein begeistert auspacken.
Seine warme und natürliche Ausstrahlung zaubert eine besonders schöne Adventsstimmung in Ihr Zuhause.

Häschenkranz

Gesamtgröße 45 x 45 cm
Stickereigröße 12,5 x 8 cm
Stickmuster Seite 92,
Schablone Nr. 11,
Seite 105

Das brauchen Sie

- 0,20 m Leinen, ungebleicht, 12-fädig, 1,40 m breit, Art.-Nr. 319-113N
- 0,85 m Druck-Leinenband Raute, ungebleicht mit weißem Druck, 24 cm breit, 11-fädig, Art.-Nr. 5156-240
- 0,20 m Baumwollstoff rot, mit weißen Punkten, 150 cm breit, Art.-Nr. 392-10506206
- 0,50 m Rüschenband, braun-beige kariert, 19 mm breit, elastisch, Art.-Nr. 6425-1824-019-006
- 0,15 m Vliesofix, 90 cm breit, Art.-Nr. 3255-104
- Textilkleber, Art.-Nr. 6257-715450
- Kranz mit Holzpilzen (ohne Tanne), Ø 45 cm Art.-Nr. 14007-07
- Kranz ohne Holzpilze und ohne Tanne, Ø 45 cm Art.-Nr. 14007-08

Bitte zuschneiden

- Leinen: 25 x 20 cm
- Druck-Leinenband: 83 x 24 cm
- roter Baumwollstoff mit weißenPunkten: 2 Stück 25 x 25 cm (Tanne)

Anleitung

Sticken Sie das Stickmuster im Kreuzstich mittig auf den Leinen-Zuschnitt. • Übertragen Sie die Schablone Nr. 11 mit Vliesofix mittig hinter die Stickerei und bügeln Sie sie anschließend mittig auf das Druck-Leinenband. Kleben Sie das Rüschenband auf den Rand der Applikation und fixieren Sie es mit einer Naht. • Falten Sie das Druck-Leinenband rechts auf rechts und nähen Sie die Schnittkanten zusammen. • Bügeln Sie die Nahtzugabe zu einer Seite und steppen Sie sie 5 mm neben der Naht fest.

Ziehen Sie das Druck-Leinenband über den Metallring und platzieren Sie die Hasen leicht nach links versetzt. Schlagen Sie die Ecken des Bandes nach hinten und nähen Sie diese mit einem Saumstich fest. • Befestigen Sie den gebundenen Kranz mit feinem Draht auf dem Metallring. • Fertigen Sie aus dem roten Baumwollstoff mit weißen Punkten eine kleine Tanne nach der Nähanleitung von Seite 33.

Kuschelaccessoires

Kragengröße 58 x 18 cm
Stulpengröße 12 x 18 cm

Das brauchen Sie

- 0,20 m Sweatshirt-Stoff, rot, 160 cm breit, 75% BW, 25% PES, Art.-Nr. 3259-72270-339
- 0,20 m Schurwolle, gekocht, hellgrau, 135 cm breit, Art.-Nr. 3259-70689-1285
- 5 Fliegenpilzknöpfe, rot, Art.-Nr. 6158-12337-28
- Kordel, rot-weiß, 25 m Karte, Art.-Nr. 6192-293004

Bitte zuschneiden

Schalkragen

- grauer Wollstoff: 60 x 20 cm (Außenteil)
- roter Sweatshirt-Stoff: 60 x 20 cm (Futter)

Stulpen

- grauer Wollstoff: 2 Stück 26 x 20 cm (Außenteil)
- roter Sweatshirt-Stoff: 2 Stück 26 x 20 cm (Futter)

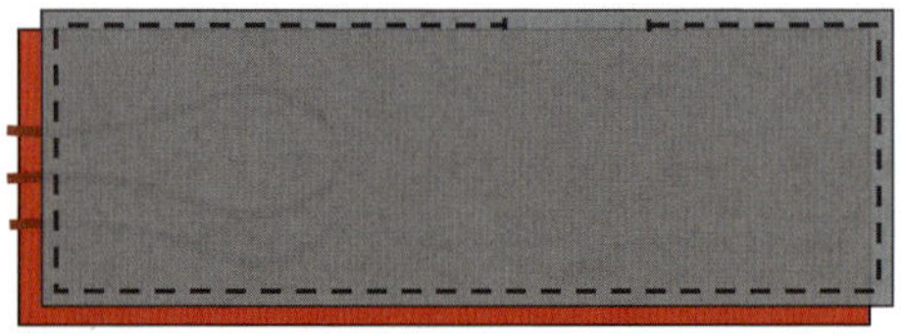
Bild 1

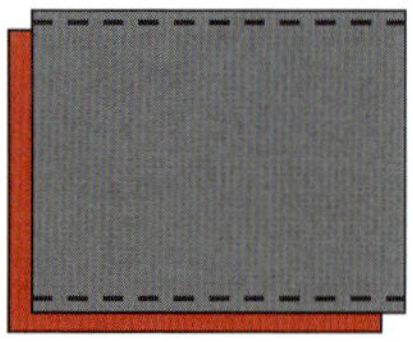
Bild 3

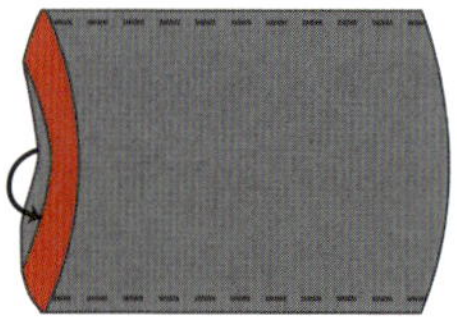
Bild 4

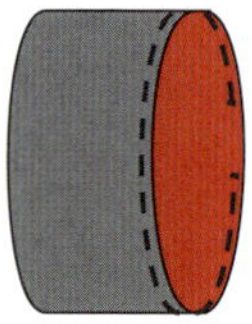
Bild 5

Bild 2

So geht's

Schalkragen:

Schneiden drei 85 cm lange Stücke von der rot-weißen Kordel ab. • Legen Sie die Enden eines Bandes zusammen und knoten sie zusammen, so dass Sie drei 42 cm lange Bänder erhalten. • Legen Sie das Außenteil und das Futter rechts auf rechts. • Die Bänder legen Sie mittig im Abstand von 3 cm zueinander zwischen Futter und Außenteil an eine kurze Seite. • Nähen Sie den Schalkragen rundherum zusammen, lassen Sie eine Wendeöffnung frei (Bild 1). • Schneiden Sie die Nahtzugabe in den Ecken zurück, wenden Sie das Teil und bügeln es. • Schließen Sie die Wendeöffnung. • Nähen Sie drei Fliegenpilzknöpfe leicht diagonal auf Höhe der Bänder auf den grauen Wollstoff (Bild 2).

Stulpen:

Schneiden Sie zwei 65 cm lange Stücke der rot-weißen Kordel ab. • Legen Sie das Außenteil und das Futter rechts auf rechts und nähen Sie die langen Seiten zusammen (Bild 3). • Stülpen Sie die eine kurze Seite in die andere kurze Seite (Bild 4), so dass das Futter und das Außenteil aufeinander liegen. Zwischen dem Außenteil werden die Enden der Kordel mittig angenäht. • Nähen Sie die Schnittkanten zusammen, lassen Sie im Futter eine Wendeöffnung (Bild 5). • Wenden Sie die Stulpe und schließen Sie die Wendeöffnung. • Wickeln Sie die Kordel um die Stulpe und nähen Sie einen Fliegenpilzknopf mittig auf.

Frisch, fröhlich und vor allem selbstgemacht sind diese kuschelweichen Winteraccessoires.
Die fein gearbeiteten Knöpfe sind wie kleine Schmuckstücke und setzen Glanzpunkte.

Häschentasche

Gesamtgröße 28 x 25 cm
Stickereigröße 12,5 x 8 cm
Stickmuster Seite 92
Schablone Nr.11, Seite 105
Nr. 21a+b, Seite 108

Das brauchen Sie

- 0,20 m Leinen, ungebleicht, 12-fädig, 1,40 m breit, Art.-Nr. 319-113N
- 0,35 m Leinenstoff, rot, 140 cm breit, Art.-Nr. 3259-61069-638
- 0,35 m Schurwolle, gekocht, hellgrau, 135 cm breit, Art.-Nr. 3259-70689-1285
- 8 Knopf, rot mit weißen Punkten, groß, Art.-Nr. 6158-12270-32
- 8 Knopf, rot mit weißen Punkten, mittel, Art.-Nr. 6158-12270-24
- 8 Knopf, rot mit weißen Punkten, klein, Art.-Nr. 6158-12270-20
- 9 Knopf, rot-weiß kariert, Art.-Nr. 6158-12228-22
- 12 Holzkugeln, rot mit weißen Punkten, groß, Art.-Nr. 6158-80501-21
- 0,20 m Vliesofix, 90 cm breit, Art.-Nr. 3255-104
- 0,35 m Vlieseline, 90 cm breit, Art.-Nr. 3255-106

Bitte zuschneiden

- Leinen: 25 x 20 cm

So geht's

Sticken Sie das Stickmuster mittig im Kreuzstich auf den Leinen-Zuschnitt. • Übertragen Sie die Schablonen Nr. 11 mit Vliesofix mittig hinter die Stickerei und schneiden Sie sie aus. • Übertragen Sie die Schablone Nr. 21a zweimal auf den grauen Wollstoff und schneiden Sie die Form aus (Außenteil).

Bügeln Sie die Stickerei 6,5 cm vom unteren Rand entfernt mittig auf ein Außenteil und steppen es rundherum fest. • Nähen Sie alle bis auf zwei kleine gepunktete Knöpfe auf den Leinenrand. Legen Sie die Außenteile rechts auf rechts und nähen Sie die Rundung zusammen. Bügeln Sie das Außenteil gut.

Bügeln Sie die Vlieseline hinter das rote Leinen und übertragen Sie die Schablone Nr. 21b zweimal. Schneiden Sie die Form aus und nähen Sie die Rundung zusammen (Futter). • Säumen Sie die gerade Kante 1 cm breit und bügeln Sie das Futter anschließend. • Stecken Sie das Futter links auf links in das Außenteil. Nähen Sie die Kante des Außenteils ca. 4,5 cm neben dem Saum des Futter an das Futter. • Schlagen Sie den Überstand nach außen um. • Fädeln Sie die 12 Holzkugeln auf einen dicken Nylonfaden. Fädeln Sie den Nylonfaden auf eine dicke Nadel und fixieren den Faden mit einem Knopf links und rechts an der Tasche.

In dieser schön gearbeiteten
Tasche sind Ihre Weihnachts-
überraschungen vor neugierigen
Blicken sicher.

Tasche mit Rehkitz

Gesamtgröße 40 x 45 cm
Stickereigröße 7,5 x 7 cm
Stickmuster Seite 100
Schablone Nr. 10, Seite 105

Das brauchen Sie

- 0,20 m Leinen, ungebleicht, 12-fädig, 1,40 m breit, Art.-Nr. 319-113N
- 0,65 m Leinenband gestreift, 24 cm breit, 11-fädig, Art.-Nr. 3020-240
- 0,35 m Rüschenband, hellbraun-weiß kariert, 19 mm breit, elastisch, Art.-Nr. 6425-1824-019-402
- 0,55 m Rüschenband, braun-beige kariert, 19 mm breit, elastisch, Art.-Nr. 6425-1824-019-006
- 0,20 m Vliesofix, 90 cm breit, Art.-Nr. 3255-104
- 0,65 m Schabrackenvlies 45 cm breit, zum Aufbügeln, Art.-Nr. 3255-102
- Leinentasche, natur, 40 x 45 cm, Art.-Nr. 3133-134

Bitte zuschneiden

- Leinen: 25 x 20 cm
- Leinenband: 2 Stück 32 x 24 cm

So geht's

Sticken Sie das Stickmuster mittig im Kreuzstich auf den Leinen-Zuschnitt. • Bügeln Sie das Schabrackenvlies bündig hinter beide Leinenband-Zuschnitte. • Übertragen Sie die Schablonen Nr. 10 mit Vliesofix mittig hinter die Stickerei und bügeln Sie sie anschließend mittig auf einen Leinenband-Zuschnitt mit Schabrackenvlies. • Kleben Sie das braun-beige Rüschenband auf den Rand der Applikation und fixieren es mit einer Naht. • Legen Sie die Leinenband-Zuschnitte links auf links und nähen Sie sie an den langen Seiten zusammen.

Beginnen Sie 1 cm vor der Schnittkante das hellbraun-weiße Rüschenband oben hinter die Leinenbandkante zu nähen. Enden Sie ebenfalls 1 cm vor der Schnittkante. • Bügeln Sie nun die Schnittkanten 1 cm breit nach hinten um und fixieren das Täschchen mit Textilkleber mittig auf der Leinentasche. • Nähen Sie das Täschchen an den Seiten und unten auf die Leinentasche.

Winter-Reh

Gesamtgröße 30 x 26 cm

Schablone Nr. 13a-d, Seite 106

Das brauchen Sie

- 0,40 m Wolle, gekocht, nougat, 130 cm breit, Art.-Nr. 3259-70749-675
- 0,10 m Walkloden, weiß, 100% Schurwolle,155 cm breit, Art.-Nr. 3259-52894
- 0,05 m Baumwollstoff rot, mit weißen Punkten, 150 cm breit, Art.-Nr. 392-10506206
- 2 x Füllwatte, jeweils 100 g Beutel, Art.-Nr. 6269-150
- Textilkleber, Art.-Nr. 6257-715450
- Textilfarbe, weiß, 20 ml, Art.-Nr. 6360-9007563
- etwas V&H Stickgarn Nr. 3996, 3006 und 3042
- 1 Filzkugel, schwarz, Art.-Nr. 6158-11811-04

So geht's

Fertigen Sie den Rehkörper nach dem Schema der Nähanleitung für Tierkörper von Seite 88.
Schablonen: Körper Nr. 13a / Ohren Nr. 13c / Brust und Schwänzchen Nr. 13b / Flecken Nr. 13d
Für die Ohren: Übertragen Sie die Schablone Nr. 13c zweimal auf den doppelt liegenden Wollstoff. • Nähen Sie die Ohren rechts neben der Umrisslinie mit einem Zickzackstich zusammen (Bild 1). • Schneiden Sie auch die Ohren knapp neben der Naht aus. • Nähen Sie die Ohren an den Kopf des Tieres.

Für die Brust übertragen Sie Schablone Nr. 13b einmal auf den weißen Walkloden und schneiden Sie die Form aus. • Fixieren Sie die weiße Brust mit etwas Textilkleber auf dem Tier und nähen den Rand mit einem Knopflochstich fest.
Für das Schwänzchen übertragen Sie die Schablone Nr. 13b auf den aufeinander liegenden weißen und den nougatfarbenen Wollstoff, nähen die Rundung zusammen und schneiden Sie die Form aus (Bild 3). • Füllen Sie es mit etwas Füllwatte und nähen es unten zu. Kleben Sie das Schwänzchen an das Tier. Die Nase sticken Sie mit schwarzem Stickgarn auf den Stoff. • Hellen Sie die Ohren und das Schnäuzchen mit weißer Textilfarbe auf.

Für die Augen teilen Sie die schwarze Filzkugel, so dass pro Auge etwas weniger als die Hälfte der Kugel übrigbleibt. Sticken Sie etwas Weiß auf das Auge und kleben es am Kopf fest. Binden Sie dem Rehkitz eine Schleife aus dem roten Baumwollstoff mit weißen Punkten. Schneiden Sie für die Flecken 9 Ellipsen mit der Schablone Nr. 13d aus dem weißen Walk und kleben Sie diese an den Rehkitzkörper (Bild 3). Um den Ohren Halt zugeben kann etwas Draht durch sie geführt werden. • Eine leichte Neigung des Kopfes kann erzielt werden, indem in der Halsrundung ein Faden vernäht wird. Diesen führen Sie mit Hilfe einer Nadel durch den Stoff auf den Rücken des Rehkitzes. Nun den Faden vorsichtig spannen und am Rücken vernähen.

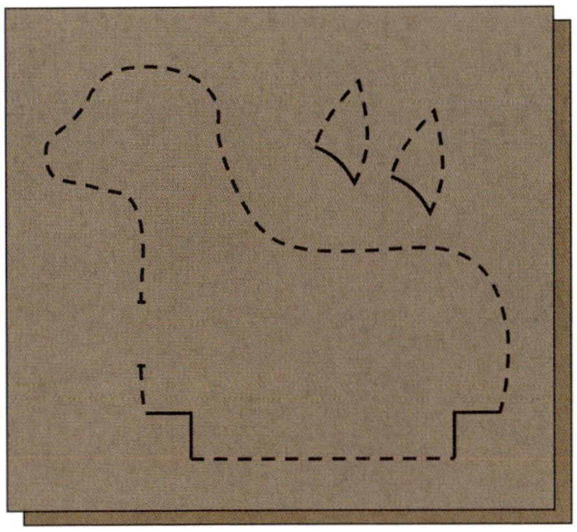

Bild 1

Bild 2

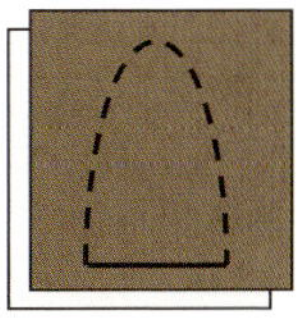

Bild 3

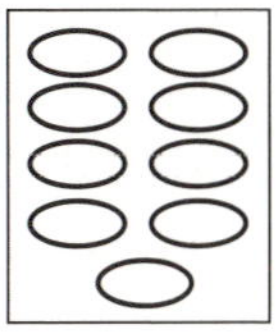

Bild 4

Bild 5

Schleife 1-24

Länge gebundene Schleife
55 cm

Das brauchen Sie

- 1,20 m Leinenband natur-rot kariert, 5,5 cm breit, 11-fädig, Art.-Nr. 3035-55-230901
- 0,30 m Rüschenband, hellbraun-weiß kariert, 19 mm breit, elastisch, Art.-Nr. 6425-1824-019-402
- Knopf-Set Zahlen 1- 24, rot bedrucktes ungebleicht Leinen, 22 mm, Art.- Nr. 6357-007
- Textilkleber, Art.-Nr. 6257-715450

So geht's

Falten Sie das Leinenband der Länge nach aufeinander und nähen Sie die kurzen Seiten 1 cm breit ab. Bügeln Sie die Nahtzugabe auseinander, legen Sie das Band zu einer Spitze und bügeln es. • Nähen Sie die Zahlenknöpfe in regelmäßigen Abständen auf das Leinenband. • Kleben Sie das Rüschenband um einige Knöpfe. Binden Sie das Leinenband zu einer Schleife.

Die zauberhaften Puppen Rieka & Greta
sind mit viel Liebe zum Detail genäht.
Jede einzelne ist ein Unikat und trägt die
persönliche Handschrift der Puppenmutti.

Rieka und Greta

Gesamtgröße 20 x 75 cm
Gesamtgröße 16 x 26 cm
Schablonen Nr. 22- 26, Seite 109

Das brauchen Sie

- 2 x Material-Set Kopf, beinhaltet alle Materialien zum Arbeiten des Kopfes, Art.-Nr. 3-4007-01
  oder Puppenkopf Rieka und Greta, handgefertigt, mit Haaren, Art.-Nr. 3-4007-02
- 0,35 m Baumwollstoff rot, mit weißen Punkten, 150 cm breit, Art.-Nr. 392-10506206
- 0,35 m Baumwollstoff weiß, mit roten Punkten, 159 cm breit, Art.-Nr. 392-10506212
- 0,15 m Walkloden, weiß, 100% Schurwolle,155 cm breit, Art.-Nr. 3259-52894-010
- 0,15 m Walkloden, rot, 100% Schurwolle,155 cm breit, Art.-Nr. 3259-52894-637
- 0,25 m Körpertrikot, beige, 145 cm breit, Art.-Nr. 392-1902016
- 0,25 m Vlieseline, 90 cm breit, Art.-Nr. 3255-106
- Füllwatte, 100 g Beutel, Art.-Nr. 6269-150
- Granulat
- weiße, rote und schwarze Textilfarbe

Bitte zuschneiden

- Kleid: 75 x 35 cm (Baumwollstoff gepunktet)
- Kragen: 33 x 5 cm im Wellenschnitt (Walk)
- Mütze und Handschuhe: 2 Stücke 25 x 15 cm (Walk)
- Arme: 2 Stücke 10 x 25 cm (Körpertrikot)
- Körper: 2 Stücke 20 x 25 cm (Körpertrikot)
- Vlies aus dem Material-Set: siehe Skizze unten

50 cm / 15 cm

2 Halsbänder	Körperrolle
Rest	
2 Wickelbänder	
Kopfrolle	

Das passt gut dazu

- Bodenetagere, Holz, weiß, 3 Teller Ø 45/35/25 cm, 93 cm hoch, Art.-Nr. 6268-178
- Holz-Pilz, 5,5 cm, Art.-Nr. 6268-193
- Holz-Pilz, 7,5 cm, Art.-Nr. 6268-192
- Holz-Pilz, 9 cm, Art.-Nr. 6268-148
- Holz-Pilz, 12 cm, Art.-Nr. 6268-149
- Holz-Pilz, 15 cm, Art.-Nr. 6268-150

So geht's

Der Kopf:

Wenden Sie den Schlauchverband auf links und schließen Sie eine Seite, indem Sie die Kante reihen und anschließend zusammenziehen (Bild 1). Im Anschluss wieder auf rechts wenden (Bild 2). • Wickeln Sie den Zuschnitt-Kopfrolle fest auf (Bild 3). • Ziehen Sie den Zuschnitt-Wickelbänder auseinander und wickeln Sie sie, mit der flauschigen Seite außen, um die Kopfrolle (Bild 4). Halten Sie die Kopfrolle dabei senkrecht. • Ziehen Sie den Zuschnitt-Halsbänder ebenfalls auseinander und legen Sie sie kreuzförmig über die Kopfrolle (Bild 5). • Binden Sie die Halsbänder unterhalb der Kopfrolle mit Abbindegarn zusammen (Bild 6). • Ziehen Sie den vorbereiteten Schlauchverband über die Kopfrolle und binden ihn ebenfalls unterhalb der Kopfrolle mit Bindegarn ab (Bild 7). • Bilden Sie eine doppelte Schlinge (Bild 8) und legen Sie diese quer um die Mitte des Kopfes. Die Schlinge an der linken Kopfseite fest ziehen und verknoten (Bild 9), Augenlinie.

Bilden Sie eine weitere doppelte Schlinge und legen diese längs um den Kopf. Ziehen Sie die Enden oben auf der Kopfmitte fest und verknoten Sie sie (Bild 10), Kinnlinie. Wichtig: Wählen Sie die „schönere" Seite des Kopfes als Gesicht. • Häkeln Sie die beiden Fadenenden an der linken Seite zu einer festen Masche (Bild 11).
Ziehen Sie den längeren Faden, unterhalb des Kinns, zum Fadenkreuz der rechten Kopfseite. Häkeln Sie den Faden zu einer festen Masche (Bild 12). • Verknoten Sie die Fadenenden der Seiten oben auf dem Kopf und schneiden Sie die Enden ab. • Mit den verbleibenden Fäden vom Kopf schließen Sie die Fadenrille, mit einem Saumstich, bis zur Augenlinie (Bild 13). Es ist einer glatter Oberkopf entstanden. Fadenenden am Hinterkopf verknoten.
Ziehen Sie die Augenlinie mit einer stabilen Häkelnadel Richtung Hals (Bild 14), so dass ein runder Hinterkopf entsteht. • Legen Sie den Kopftrikot (aus dem Materialset), im Fadenverlauf, über dem Gesicht stramm und nähen es am Hinterkopf zusammen (Bild 15). Schneiden Sie die Nahtzugabe zurück und binden Sie den Hals ab. Wickeln Sie aus dem Vlies Körperrolle eine feste Rolle. Stecken Sie diese zwischen die Halsbänder. Ziehen Sie den Schlauchverband fest darüber und nähen ihn fest (Bild 16). • Nähen Sie den Kopftrikot an der Körperrolle fest. • Markieren Sie mit Stecknadeln die Augen (auf der Augenlinie) und den Mund (Bild 17). • Ziehen Sie die Augen leicht nach innen, indem Sie die zuvor markierten Augenpunkte mit einem Faden nach innen ziehen. Die Nadel wird dabei geführt wie in Bild 18 gezeigt. Malen Sie mit Textilfarbe Augen und Mund auf.

Die Haare:

Häkeln Sie mit dem Bouclegarn einen Ring aus 3 Luftmaschen.
In den folgenden Reihen verdoppeln Sie jede Masche bis 1/3 des Ko-
Danach ohne weitere Zunahme die Haare weiter häkeln (Haare müssen stramm sitzen). • Nähen Sie die Haare am Kopf fest.
Legen Sie 6 Fäden Bouclegarn (je Faden 20 cm) zur Hälfte aufeinander und umwickeln Sie die Mitte mit Garn. • Nähen Sie die Bänder links und rechts am Kopf fest (Ohrhöhe), flechten Sie sie zu Zöpfen und binden Sie sie mit der rot-weißen Kordel ab.

Der Körper:

Übertragen Sie die Schablone Nr.26 zweimal auf die aufeinander liegenden Arm-Zuschnitte. Nähen Sie die Arme an der Umrisslinie zusammen (Bild 19), schneiden Sie die Nahtzugabe zurück, wenden Sie die Arme und füllen Sie mit Füllwatte. • Nähen Sie die Arme an der Körperrolle des Kopfes fest. • Bügeln Sie die Vlieseline hinter die Körper-Zuschnitte. • Übertragen Sie die Schablone Nr. 23 auf die aufeinander liegenden Körper-Zuschnitte und schneiden Sie die Form aus. • Nähen Sie die Seiten und den Boden füßchenbreit ab (Bild 20). Legen Sie die Nähte der Ecken aufeinander und nähen Sie den Boden 4 cm breit ab (Bild 21). • Stecken Sie die Kopfrolle in den Körper, nähen Sie den Trikotstoff an den Armen und dem Hals fest (Bild 22).

Die Kleider:

Übertragen Sie die Schablone Nr. 24 zweimal und die Schablone Nr. 25 einmal auf den aufeinander liegenden Walk. • Nähen Sie an der Umrisslinie entlang (Bild 23), schneiden Sie die Nahtzugabe zurück und wenden Sie die Teile. • Ziehen Sie die Handschuhe über die Hände der Puppe. Füllen Sie die Mütze mit Füllwatte. • Falten Sie den Kleid-Zuschnitt, erst der Länge dann der Breite nach, aufeinander und übertragen Sie die Schablone Nr. 22 (Bild 24). Schneiden Sie das Kleid aus, nicht an der Bruchkante. Fassen Sie den Halsausschnitt mit Schrägband ein, so dass noch eine Kordel hindurch gezogen werden kann (Enden bleiben offen).
Versäubern Sie die Schnittkanten und säumen Sie die Ärmel.
Falten Sie den Zuschnitt rechts auf rechts und schließen Sie die Seiten (Bild 25). • Säumen Sie die Kleid-Schnittkante (Bild 26) und ziehen Sie der Puppe das Kleid an. • Reihen Sie die rot-weiße Kordel an einer langen Seite des Kragen-Zuschnittes entlang (Bild 27).
Raffen Sie den Kragen und binden ihn der Puppe um.
Abschließend setzen Sie der Puppe ihre Mütze auf, nähen Sie diese am Kopf fest.

Bild 1

Bild 2

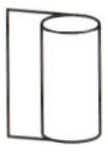
Bild 3

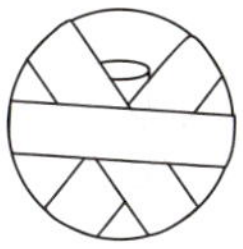
Bild 4

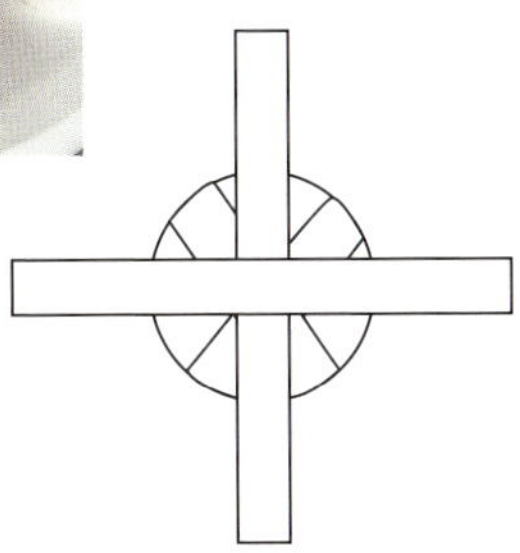
Bild 5

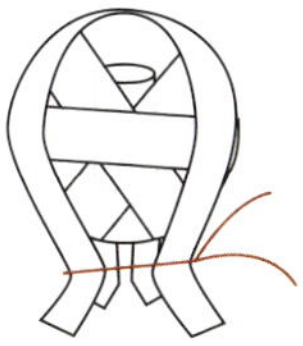
Bild 6

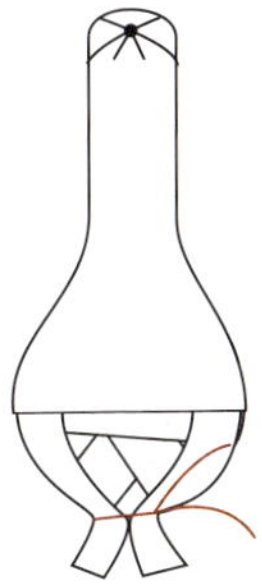
Bild 7

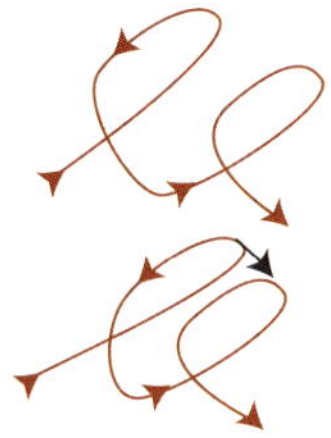
Bild 8

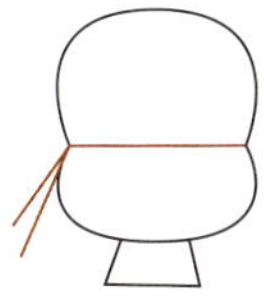
Bild 9

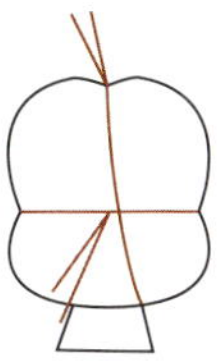
Bild 10

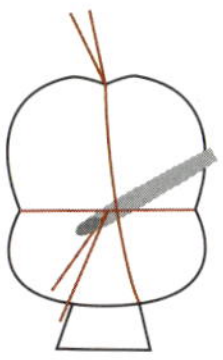
Bild 11

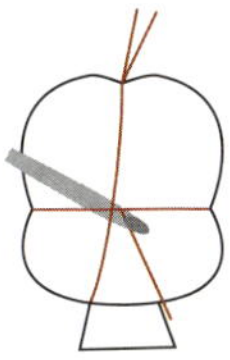
Bild 12

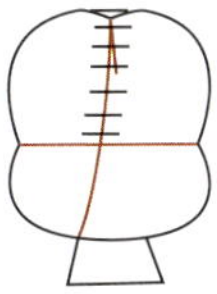
Bild 13

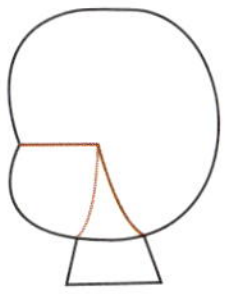
Bild 14

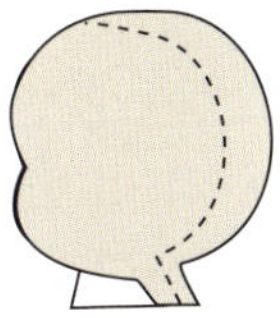
Bild 15

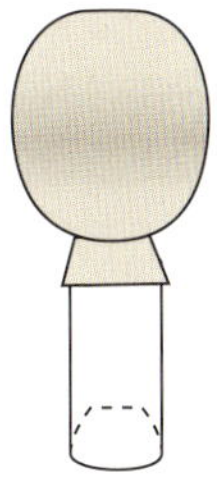
Bild 16

Bild 17

Bild 18

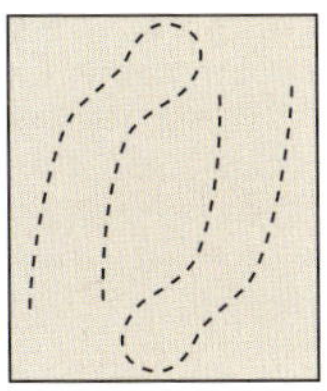
Bild 19

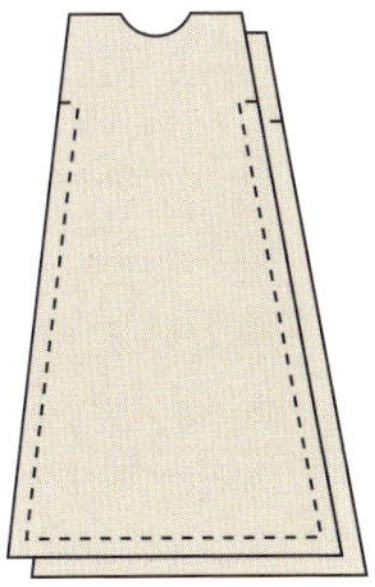
Bild 20

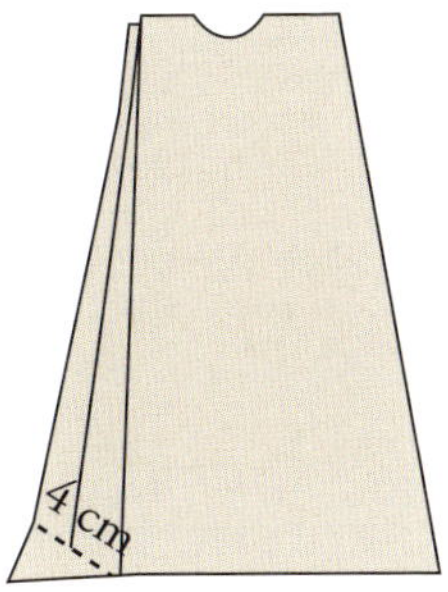

Bild 21

Bild 22

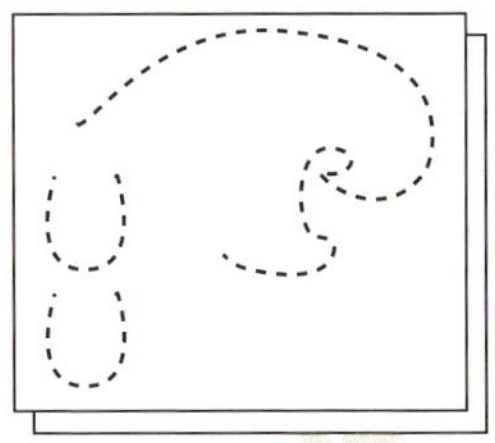
Bild 23

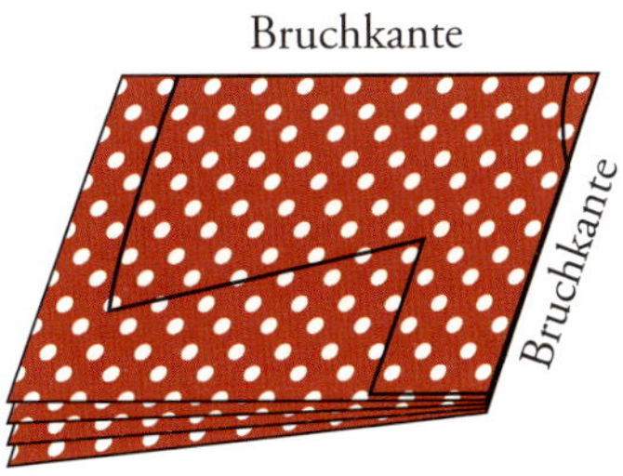

Bild 24

Bild 25

Bild 26

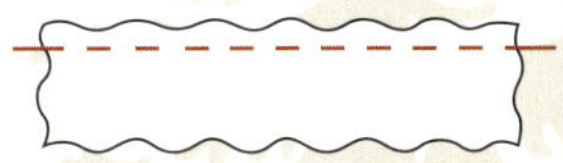
Bild 27

Winterzeit ist Kuschelzeit! Gebettet auf Daunen, lässt es sich zusammen mit Maus und Fliegenpilz wunderbar von Weihnachten träumen.

Die fröhlichen Applikationen werden einfach über das gewebte Zopfmuster des hochwertigen Plaidstoffes gearbeitet. Mit dem karierten Band erhält Frau Maus noch den letzten Schliff.

Mäuschenkissen

Gesamtgröße 60 x 40 cm
Schablone Nr. 15, 16a-c, 18a-c, Seite 107

Das brauchen Sie

- 0,45 m Plaidstoff, Zopfmuster mit Aida-Gewebe, wollweiß, 100% Wolle, 170 cm breit, Art.-Nr. 3395-103
- 0,20 m Schurwolle, gekocht, hellgrau, 135 cm breit, Art.-Nr. 3259-70689-1285
- 0,15 m Leinen, ungebleicht, 12-fädig, 1,40 m breit, Art.-Nr. 319-113N
- 0,15 m Baumwollstoff rot, mit weißen Punkten, 150 cm breit, Art.-Nr. 392-10506206
- 0,10 m Baumwollstoff, rot-hellrot gestreift, 2 mm, 150 cm breit, Art.-Nr. 392-P340451
- 0,30 m Karoband, rot-weiß kariert, 10 mm, Art.-Nr. 6425-0063-010-204
- Dauneninlett, 60 x 40 cm, Art.-Nr. 393-4060
- etwas V&H Stickgarn Nr. 3042

Bitte zuschneiden

- Plaidstoff: 61,5 x 41,5 cm (Vorderteil)/ 61,5 x 26,5 (A) / 61,5 x 16,5 (B)

So geht's

Übertragen Sie die Schablonen mit Vliesofix auf die passenden Stoffe und applizieren Sie sie anschließend, laut Abbildung, auf das Vorderteil. Halbieren Sie das Karoband und nähen es mit dem Mäusekörper fest. • Nähen Sie die Augen, Nase und Schwänzchen mit schwarzem Garn.

Wie folgt, nähen Sie in die Zuschnitte (A) und (B) einen Reißverschluss:
Legen Sie Zuschnitt (A) und (B) rechts auf rechts (Bild 1). • Legen Sie den geschlossenen Reißverschluss an die Kante und markieren Sie den oberen und unteren Endpunkt auf dem Stoff. Nähen Sie die Stofflagen ober und unterhalb der Markierung zusammen (Bild 1) und bügeln Sie die Nahtzugabe auseinander. • Fixieren Sie den geschlossenen Reißverschluss hinter dem entstandenem Schlitz und nähen ihn rundherum mit einem Reißverschlussfüßchen fest (Bild 2). Öffnen Sie den Reißverschluss leicht und legen das Rückenteil rechts auf rechts auf das Vorderteil. Nähen Sie die Teile rundherum zusammen, wenden Sie das Kissen und bügeln Sie es gut.

Leuchtend rot aber völlig ungiftig sind diese niedlichenFliegenpilze. Wegen ihrer schönen roten Farbe passsen sie wunderbar in die Adventszeit und bekommen deshalb einen Ehrenplatz in unserem Zuhause.

Fliegenpilze

Pilz groß 12 x 22 cm
Pilz klein 12 x 16 cm
Schablone Nr. 3a+b, 4a+b,
Seite 102

Das brauchen Sie

- 0,15 m Leinen, ungebleicht, 12-fädig, 1,40 m breit, Art.-Nr. 319-113N
- 0,10 m Baumwollstoff rot, mit weißen Punkten, 150 cm breit, Art.-Nr. 392-10506206
- 0,10 m Baumwollstoff, rot-hellrot gestreift, 2 mm, 150 cm breit, Art.-Nr. 392-P340451
- 0,15 m Vlieseline, 90 cm breit, Art.-Nr. 3255-106
- 2 Füllwatte, 100 g Beutel, Art.-Nr. 6269-150
- Textilfarbe, weiß, 20 ml, Art.-Nr. 6360-9007563
- Granulat zum Beschweren

Das passt gut dazu

- Holz-Maus, weiß, groß, 00 x 00 cm, Art.-Nr. 6268-214
- Holz-Maus, weiß, klein, 00 x 00 cm, Art.-Nr. 6268-215

So geht's

Bügeln Sie die Vlieseline hinter das Leinen. • Übertagen Sie die Schablone Nr. 3a (Groß) und/oder Schablone Nr. 3b (Klein) auf das rechts auf rechts liegende doppelte Leinen. • Nähen Sie die Seiten und die untere Gerade entlang der Umrisslinie zusammen. Einkerbung und obere Gerade aussparen (Bild 1).
Schneiden Sie den Fuß 0,5 cm neben der Naht aus und schneiden Sie die Nahtzugabe in regelmäßigen Abständen bis kurz vor die Naht ein. Nähen Sie nun die Einkerbungen als Boden ab (Bild 2). • Wenden Sie den Fuß und füllen ihn mit Granulat und Füllwatte. • Übertragen Sie die Schablone Nr. 4b viermal auf den gepunkteten und die Schablone Nr. 4a zweimal auf den gestreiften Stoff und schneiden Sie die Formen aus (Zuschnitt für einen Pilzkopf).

Legen Sie die Halbkreise rechts auf rechts und nähen Sie die Gerade zusammen, lassen Sie eine 4 cm breite Öffnung (Bild 3). Bügeln Sie die Nahtzugabe auseinander (Bild 4). • Nähen Sie die gepunkteten Zuschnitte zu zwei Pärchen zusammen (Bild 5), diese nähen Sie danach aneinander, so dass sich ein Kreis ergibt (Bild 6). • Legen Sie diesen Kreis rechts auf rechts auf den Kreis aus den Halbkreisen und nähen ihn rundherum zusammen (Bild 7). • Wenden Sie den Pilzkopf und füllen Sie ihn mit Füllwatte. • Stülpen Sie den Pilzkopf über den Pilzfuß und befestigen Sie ihn mit einigen Handstichen (Bild 8).
Nach Belieben können Sie den Pilzfuß mit etwas weißer Textilfarbe verzieren.

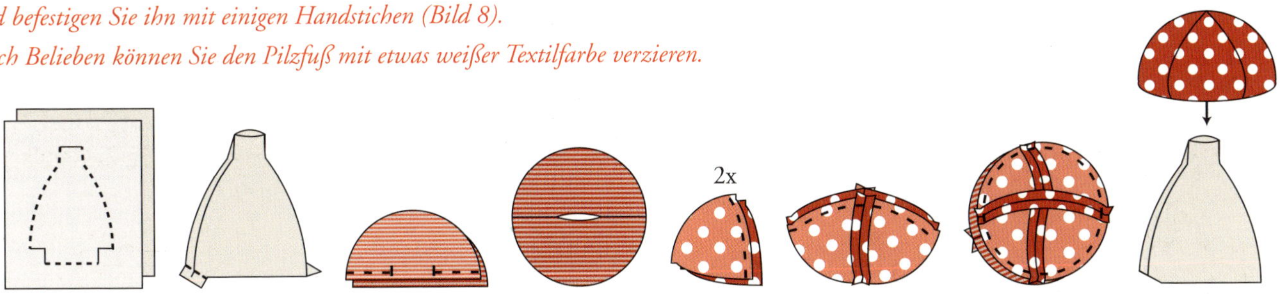

Bild 1 Bild 2 Bild 3 Bild 4 Bild 5 Bild 6 Bild 7 Bild 8

Das brauchen Sie

- 0,15 m Schurwolle, gekocht, hellgrau, 135 cm breit, Art.-Nr. 3259-70689-1285
- 0,05 m Walkloden, weiß, 100% Schurwolle,155 cm breit, Art.-Nr. 3259-52894
- 1 Füllwatte, 100 g Beutel, Art.-Nr. 6269-150
- Kordel, rot-weiß, 25 m, Art.-Nr. 6192-293004
- Textilkleber, Art.-Nr. 6257-715450
- Textilfarbe, weiß, 20 ml, Art.-Nr. 6360-9007563
- etwas V&H Stickgarn Nr. 3042

Frau Maus

Gesamtgröße 6 x 16 cm
Schablone Nr. 7a+b,
Seite 103

So geht's

Fertigen Sie den Maus-Körper nach dem Schema der Nähanleitung Tierkörper Seite 88. • Schablonen: Körper Nr. 7a / Ohren Nr. 7b • Übertragen Sie die Ohrenschablone zweimal auf den grauen Wollstoff und schneiden Sie die Ohren aus. • Nähen Sie die Ohren am Maus-Kopf fest (Bild 3). • Sticken Sie das Auge und die Nase mit schwarzem Garn. • Hellen Sie die Ohren und das Schnäuzchen mit weißer Textilfarbe etwas auf. • Für das Schwänzchen nähen Sie mit einem breiten Zickzackstich ca. 20 cm über den doppelt gelegten grauen Wollstoff. Schneiden Sie die Zickzacknaht aus und führen Sie ein Stück Draht durch die Naht. Stecken Sie das Ende des Drahtes in den Mäusekörper und kleben das Schwänzchen mit etwas Textilkleber fest (Bild 3). Nun können Sie das Schwänzchen nach Belieben verbiegen.

Binden Sie der Maus eine Schleife aus einem Stoffstreifen. Fertigen Sie der Maus eine kleine Tasche aus dem weißen Walk und der Kordel, damit Sie Nüsse sammeln kann.

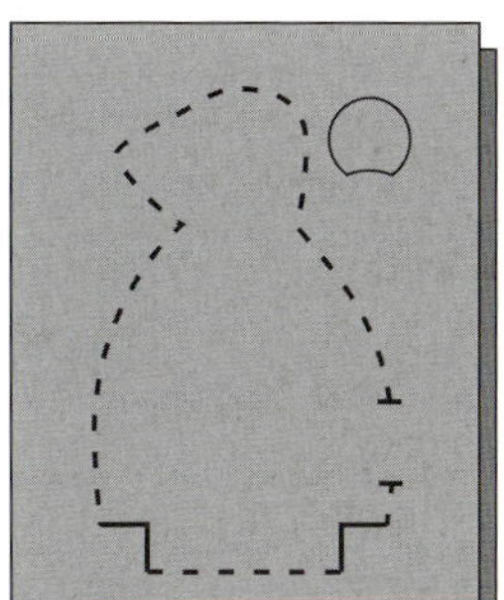

Bild 1

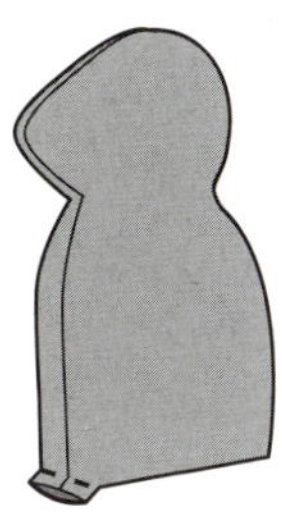

Bild 2

Bild 3

Ganz einfach gemacht ist dieser hübsche Tischläufer mit Applikationen.

Läufer Hase & Maus

Gesamtgröße 170 x 45 cm
Schablone Nr. 15, 17a+b, 18a+b, 19,
Seite 107 + 108

Das brauchen Sie

- 0,10 m Leinen, ungebleicht, 12-fädig, 1,40 m breit, Art.-Nr. 319-113N
- 2,00 m (5 Kästchen) Leinen, natur-gebleicht mit Hohlsaum außen, 45 cm breit, Art.-Nr. 3133-130
- 0,25 m Wolle, gekocht, nougat, 130 cm breit, Art.-Nr. 3259-70749-675
- 0,20 m Schurwolle, gekocht, hellgrau, 135 cm breit, Art.-Nr. 3259-70689-1285
- 0,10 m Baumwollstoff rot, mit weißen Punkten, 150 cm breit, Art.-Nr. 392-10506206
- Textilfarbe, weiß, 20 ml, Art.-Nr. 6360-9007563
- etwas V&H Stickgarn Nr. 3042

Das passt gut dazu

- Advents-Teller, Holz, Ø 33 cm mit 4 Glasteelichtern, Art.-Nr. 6268-204

So geht's

Säumen Sie das Leinen mit Hohlsaum. • Übertragen Sie die Schablonen mit Vliesofix auf die passenden Stoffe und applizieren Sie sie anschließend, laut Abbildung auf die gewebten Leinenquadrate. • Verzieren Sie die Pilzfüße mit weißer Textilfarbe. • Sticken Sie die Augen und Nasen mit schwarzem Stickgarn.

Wandbehang Winterwald

Gesamtgröße 88 x 37 cm

Stickereigröße max. 30,5 x 10 cm

Stickmuster Seite 97, Schablone Nr. 5 + 6 Seite 102

Das brauchen Sie

- 1,70 m Druck-Leinenband Weiße Pünktchen, ungebleicht, 30 cm breit, 11-fädig, Art.-Nr. 5162-300-901900
- 0,80 m Leinenband natur, 4 cm breit, 11-fädig, Art.-Nr. 901-40
- 0,25 m Leinenstoff, dunkelrot, 140 cm breit, Art.-Nr. 3259-61069-339
- 0,25 m Leinenstoff, rot, 140 cm breit, Art.-Nr. 3259-61069-638
- 0,25 m Baumwollstoff rot, mit weißen Punkten, 150 cm breit, Art.-Nr. 392-10506206
- 0,35 m Baumwollstoff, rot-hellrot gestreift, unterbrochene Blockstreifen, 150 cm breit, Art.-Nr. 392-P-BB3551
- 0,25 m Baumwollstoff, rot-hellrot gestreift, 2 mm, 150 cm breit, Art.-Nr. 392-P340451
- 0,85 m Schabrackenvlies 45 cm breit, zum Aufbügeln, Art.-Nr. 3255-102
- 0,40 m Volumenvlies zum Aufbügeln, 90 cm breit, Art.-Nr. 3255-100
- 2 Fliegenpilze, bemaltes Holz, 5 cm, Art.-Nr. 6158-12293-02
- 3 Fliegenpilze, bemaltes Holz, 4 cm, Art.-Nr. 6158-12293-03
- Maus-Knopf, braun, klein, Art.-Nr. 6158-11744-26

Das passt gut dazu

- Holzkugel, rot mit weißen Punkten, groß, Art.-Nr. 6158-80501-21
- Holzkugel, rot mit weißen Punkten, mittel, Art.-Nr. 6158-80501-11
- Holzkugel, rot mit weißen Punkten, klein, Art.-Nr. 6158-80501-01
- Holzkugel, weiß mit roten Linien, groß, Art.-Nr. 6158-80504-02

Bitte zuschneiden

- Druck-Leinenband: 2 Stück 85 x 30 cm
- Große Tanne: 2 Stück 40 x 35 cm des Baumwollstoffes mit unterbrochenen Blockstreifen
- Kleine Tanne: je 2 Stück 30 x 25 cm der restlichen Stoffe

So geht's

Sticken Sie das Stickmuster im Kreuzstich mittig aus das Druck-Leinenband. • Bügeln Sie das Schabrackenvlies hinter das Druck-Leinenband ohne Stickerei. • Schlagen Sie die Schnittkanten des Leinenbandes 1 cm breit nach innen und steppen sie fest. • Nähen Sie das Leinenband mittig 2 cm vom oberen Rand entfernt auf Druck-Leinenband ohne Stickerei. • Legen Sie die beiden Druck-Leinenbandzuschnitte rechts auf rechts und nähen Sie die kurzen Seiten zusammen.

Bügeln Sie die Nähte auseinander und wenden Sie das Teil auf rechts. • Legen Sie die Vorder- und Rückseite bündig aufeinander und nähen Sie die langen Kanten zusammen. • Für eine Tanne bügeln Sie das Volumenvlies hinter einen der Zuschnitte. • Legen Sie die Zuschnitte rechts auf rechts und übertragen Sie die entsprechende Schablone. • Nähen Sie die Tanne entlang der Umrisslinie zusammen, lassen sie unten eine kleine Wendeöffnung. • Schneiden Sie die Tanne 0,5 cm neben der Naht aus und schneiden Sie die Nahtzugabe, besonders an den Ecken und Spitzen, bis kurz vor die Naht ein. • Wenden Sie die Tanne, schließen Sie die Wendeöffnung und bügeln sie gut. Verfahren Sie so mit allen Tannen und kleben Sie sie anschließend, laut Abbildung, auf den Wandbehang. • Nähen sie die Pilze und den Maus-Knopf, wie abgebildet auf die Tannen. Mit einer Holzstange und 2 Nägeln kann der Wandbehang ganz leicht befestigt werden.

N
ADVENT

Adventsherz

Gesamtgröße 26 x 26 cm

Das brauchen Sie

- Knopf-Set Advent, gebl. Leinen, rot bedruckt, 22 mm, Art.-Nr. 6357-001
- 0,15 m Leinenstoff, dunkelrot, 140 cm breit, Art.-Nr. 3259-61069-339
- 0,15 m Baumwollstoff rot, mit weißen Punkten, 150 cm breit, Art.-Nr. 392-10506206
- 0,15 m Baumwollstoff, rot-hellrot gestreift, 2 mm, 150 cm breit, Art.-Nr. 392-P340451
- Kreis-Schablone, Rapido, klein, 30 mm, Art.-Nr. 6257-8700
- Kreis-Schablone, Rapido, groß, 45 mm, Art.-Nr. 6257-8701
- Kreis-Schablone, Rapido, extragroß, 60 mm, Art.-Nr. 6257-8703
- 7 Holzkugeln, rot mit weißen Punkten, mittel, Art.-Nr. 6158-80501-11
- 2x Wollband, gefilzt, rot-weiß, 2 m, Art.-Nr. 6405-30580
- Kordel, rot-weiß, 25 m, Art.-Nr. 6192-293004
- Herz mit rot-weißem Filzband, fertig gebunden, 26 x 26 cm, Art.-Nr. 14007-09
- Ilexblätter mit Beeren

So geht's

Fertigen Sie sechs unterschiedlich große Stoffrosetten an, Nähanleitung Seite 89. Nähen Sie die Knöpfe auf die Stoffrosetten. Fädeln Sie abwechselnd eine Holzkugel und eine Stoffrosette auf die rot-weiße Kordel. Binden Sie die Adventgirlande in das Herz.

Fensteretagere

Gesamtgröße 60 x 70 x 15 cm

(B x H x T)

Art.-Nr. 6268-203

Diese traumhafte Etagere passt durch ihre geringe Tiefe perfekt auf die Fensterbank. Dort läßt sie sich immer wieder passend zu den Jahreszeiten umgestalten.

Hier zeigen wir Ihnen eine märchenhafte Adventsdekoration aus dem Winterwald. Wichtelkinder und Tiere, Tannen und Fliegenpilze im Kerzenschein verzaubern hier den Betrachter.

Winterbegleiter

Die Anleitung und das Material für den Herzrahmen entnehmen Sie bitte der Seite 21.

- *Winterherz, handgebunden, 33 x 33 cm, Art.-Nr. 14007-10*

Alle Kinder und Tiere aus unserem Winterwald sind auch gedruckt auf diesem schönen Geschenkpapier. Verpacken, verschenken und basteln Sie nach Herzenslust!

- *Geschenkpapier „Wichtelkinder“, 2 Bögen im Set, 50 x 69 cm, Art.-Nr. 67224-02*

Das kleine Wichtelmädchen und das Reh sind beste Freunde. Liebevoll in Petit point gestickt sind sie zauberhaft in dem prächtigen Winterherz anzusehen.

Auf dieser schönen, großen Raumetagere findet der ganze Winterwald seinen Platz.
Diese Pracht ist herrlich anzusehen und macht Lust auf kreative Stunden, um die vielen schönen Figuren und Dekorationen nachzuarbeiten.

Raumetagere

Gesamtgröße 0,65 x 1,32 m
Art.-Nr. 6268-177

Material und Techniken

Stickleinen

Das von uns verwendete Leinen ist ein in Kette und Schuss gleichmäßiges Gewebe, d. h., die gestickten Kreuze werden quadratisch. Die Leinenbreitware misst 12 Fäden pro Zentimeter, das Leinenband 11 Fäden je Zentimeter. Leinen ist ein Naturmaterial, das beim ersten Waschen einläuft. Berücksichtigen Sie deshalb diese Tatsache bei der Berechnung der von Ihnen benötigten Leinenmenge und nehmen Sie entsprechend mehr. Die in diesem Buch bestickte Leinenbreitware ist von der **Weberei Weddigen** aus Herfort und die Leinenbänder sind von der Firma **Vaupel & Heilenbeck** aus Wuppertal.

Leinen bügeln

Nach dem Sticken legen Sie ein feuchtes Tuch auf die linke Seite der Stickerei und bügeln dieses trocken.

Stickgarn

Die Motive in diesem Buch sind alle mit deutschem Baumwollgarn der Firma Vaupel & Heilenbeck gestickt.
Bei diesem Garn handelt es sich um ein einfädiges, reines unmercerisiertes Baumwollgarn. Es ist matt, farb- und lichtechtund bis 60 °C waschbar.

Sticknadel

Die Sticknadel hat in der Regel keine Spitze, um die Gewebefäden nicht anzustechen. Wir empfehlen eine Nadel der Größe 24 oder 26. Für den Knötchenstich raten wir Ihnen zu einer Nadel mit Spitze, um gegebenenfalls durch schon besticktes Leinen stechen zu können.

Stickmuster

Die abgebildeten Stickmuster können im Kreuzstich sowie im Petit Point gestickt werden. Beim Petit Point und auch beim Kreuzstich wird ein Kästchen als ein Stich angesehen. Ein Motiv, welches im Petit Point gestickt ist, ergibt sich um ein Viertel kleiner auf dem Leinen, als ein Motiv im Kreuzstich.

Der Kreuzstich

Dieser Stich wird über zwei Gewebefäden gearbeitet. Er wird in hin- und hergehenden Reihen gestickt. In der Hinreihe werden die Grundstiche von links unten nach rechts oben über zwei Gewebefäden ausgeführt. In der Rückreihe werden die Deckstiche gesetzt. Sie werden von rechts unten nach links oben ausgeführt. Wird das Muster durch eine andere Farbe unterbrochen, wird der Zwischenraum durch einen längeren Schrägstich übergangen. Dieser sollte nicht länger als drei Kreuze sein.

Der Petit Point

Der Stich wird auf der Vorderseite über einen Gewebefaden gestickt. Dabei wird von hinten der Faden von links unten ausgestochen und vorne nach rechts oben eingestochen.
Von der Rückseite aus wird über zwei Gewebefäden wieder links unten eingestochen. Anders als beim Kreuzstich wird somit von rechts nach links gestickt. Da der Faden auf der Rückseite über zwei Gewebefäden geführt wird, ist die Stickarbeit auf der Rückseite dicker als auf der Vorderseite.
Die Stickerei tritt optisch hervor. Dadurch ist der Petit Point plastisch. Der Petit Point kann auch in umgekehrter Richtung erfolgen, wobei die Nadel auf der Vorderseite über einen Faden unten links eingestochen und auf der Rückseite über zwei Fäden oben rechts wieder ausgestochen wird.

Der Steppstich

Dieser Stich wird von rechts nach links gearbeitet. Dabei wird von unten durch das Leinen ausgestochen, die Nadel um die gewünschte Stichlänge nach rechts eingestochen und um die doppelte Stichlänge nach links zurückgestochen. Dann wird wieder in die letzte Ausstichstelle eingestochen und in doppelter Stichlänge die Nadel nach oben ausgestochen.

Kreuzstich

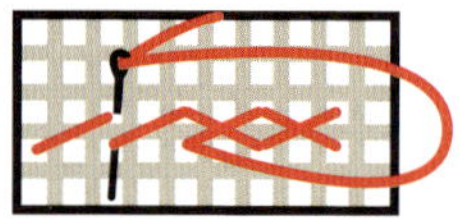
Halber Kreuzstich

Petit Point

Petit Point umgekehrt

Steppstich

Materialzuschnitt

Die verwendeten Materialien werden im Vorfeld laut Angabe oder Schablonen zugeschnitten. Leinen wird fadengerade geschnitten. Hierfür ziehen Sie zur Hilfe einen Faden an gewünschter Stelle aus dem Gewebe heraus und schneiden daran entlang. Baumwollstoff wird auf einer Schneidematte mit dem Rollschneider geschnitten. Karierte oder gestreifte Baumwolle wird mit der Schere am Muster entlang geschnitten.

Nahtzugabe

Alle Maßangaben der Zuschnitte in diesem Buch sind einschließlich Nahtzugabe. Die Nahtzugabe beträgt an jeder Stoffseite 0,75 cm, dies entspricht einer Nähfußbreite. Der Stoff wird so unter dem Nähfüßchen der Maschine hergeführt, dass die Stoffkante rechts vom Nähfuß gerade noch sichtbar ist. Dabei ist die Nadel auf die mittlere Position eingestellt.

Schablonen

Unsere Vorlagen für die Schnittmuster und Applikationen befinden sich auf den Seiten XX - XX. Die Schablonen auf durchsichtiges Papier übertragen und von dort auf dünnen Karton zeichnen, ausschneiden und auf den Stoff übertragen. Beim Aufbügeln mit Vliesofix werden sie direkt auf das Trägermaterial abgepaust. Einige unserer Schablonen sind ggf. an der markierten Stelle aneinander zu fügen. Die Schablonen sind, wenn nicht extra gekennzeichnet, ohne Nahtzugabe abgebildet.

Wasserlöslicher Stift

Zum Aufzeichnen von Schablonen können Sie einen wasserlöslichen Stift verwenden. Mit Wasser besprüht, verschwinden die aufgezeichneten Linien wieder.

Aufbügeln der Vlieseinlagen

Zum Aufbügeln der Vliese mit Haftfilm legen Sie die beschichtete Seite auf die linke Seite des Stoffs und drücken das Bügeleisen etwa 15 Sekunden auf. So verfahren Sie mit der gesamten Fläche. Vliesüberstände werden bündig zum Stoff abgeschnitten.

Säumen

Das Säumen ist ein Umnähen der geschnittenen Kanten z.B. eines Druck-Leinenbandes. Bei einer angegebenen Saumbreite von 2,5 cm wird die Schnittkante 2,5 cm eingeschlagen und weitere 2,5 cm umgeschlagen. Anschließend wird der Umschlag knappkantig festgesteppt.

Applizieren mit Vliesofix

Um ein Motiv (z.B. Hasen) auf einen Stoff zu applizieren, übertragen Sie die Umrisse der Schablone mit einem Bleistift seitenverkehrt auf die Papierseite des Vliesofix. Schneiden Sie das Motiv großzügig aus. Legen Sie die beschichtete Seite auf die linke Seite des Stoffs und bügeln Sie das Motiv auf. Schneiden Sie das Motiv exakt aus, ziehen Sie das Trägerpapier ab und bügeln Sie es an gewünschter Stelle auf den Trägerstoff. Hierbei ist die beschichtete Seite unten. Die Kanten werden mit einem Zickzackstich fixiert.

Zickzackstich

Der Zickzackstich ist in seiner Stichbreite und –länge variabel. Um eine Applikation zu fixieren eignet sich ein dichter und schmaler Zickzackstich. Ein weiter und breiter Stich wird bei elastischen Stoffen eingesetzt, um die Flexibilität des Stoffes zu erhalten.

Knopflochstich

Mit diesem Zierstich wird ein Motiv fest auf dem Hintergrundstoff fixiert. Dabei wird die Nadel neben dem Motiv von unten nach oben durchgeführt. Die Nadel wird anschließend nach links oben diagonal eingestochen und senkrecht nach unten ausgeführt. Die Nadel wird dabei durch die entstandene Schlaufe gezogen, usw.

Saumstich

Der Saumstich wird z.B. zum Schließen der Wendeöffnung angewandt. Dabei wird die Nadel von rechts in den ersten Stoff gestochen und ein Stück versetzt von links aus dem zweiten Stoff wieder herausgeholt.

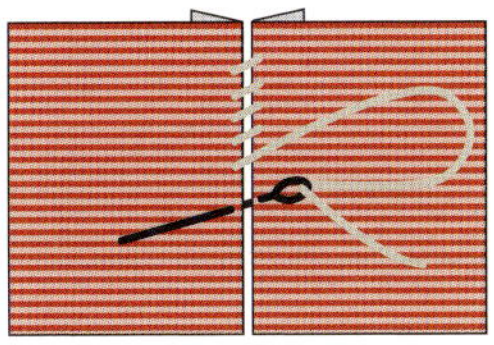

Patchwork

Beim Patchwork werden mehrere Stoffe zu einem Ganzen zusammengefügt. Es können Streifen, Quadrate, Rechtecke oder Dreiecke in beliebiger Größe zugeschnitten und in Streifen aneinander genäht werden, die wiederum zusammengenäht ein Ganzes ergeben.

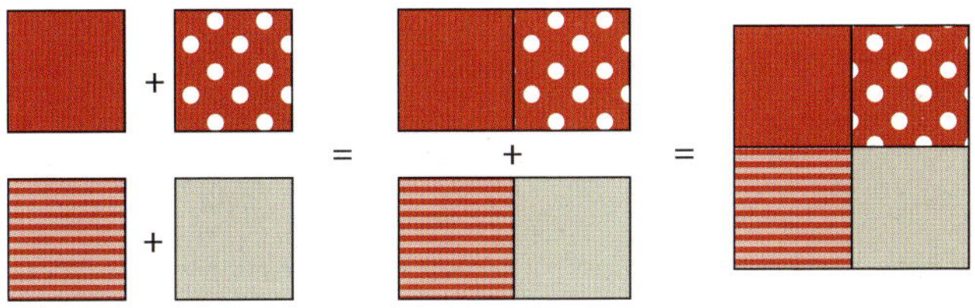

Quilt

Ein Quilt besteht aus einem gepatchten Oberteil, einer Zwischenlage aus Vlies und der Rückseite. Diese drei Lagen werden durch kleine Quiltstiche zusammengehalten.
Ein Verschieben der drei Lagen wird so verhindert und der Quilt wirkt plastischer. Gequiltet wird mit einer dünnen Nadel und einem feinen Handquiltgarn, das sich durch eine hohe Festigkeit auszeichnet. Die Quiltstiche können ein eigenes Muster bilden, das vorher mit einer Schablone aufgezeichnet wird. Quilten können Sie auch direkt in der Naht oder 0,5 cm neben der Nahtlinie.

Quilt- oder Reihstich

Der Quiltstich oder auch Reihstich wird von oben in die Stofflage(n) eingestochen und ein Stück versetzt von unten nach oben wieder ausgestochen. Mit diesem Stich lassen sich Muster auf einen Behang quilten, ebenso wird verhindert, dass die drei Stofflagen sich trennen oder verrutschen.

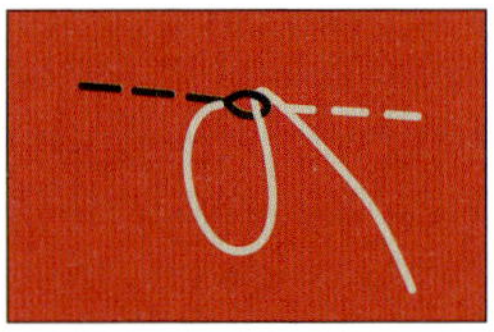

Textilkleber

Dieser Kleber wird verwendet, um kleine textile Accessoires auf einen Stoff zu kleben oder um Schmuckwebbänder und Borten vor dem Festnähen zu fixieren. Das Rüschenband sollte vor dem Festnähen mit dem Kleber fixiert werden, um eine Kräuselung des Materials zu verhindern. Textilkleber ist bis 40 ° waschbar.

Füllwatte

Die Tannen und Waldtiere mit synthetischer Füllwatte ausgestopft. Die Füllwatte verändert sich beim Waschen nur unmerklich.

Schabrackenvlies

Dieses Vlies gibt es in verschiedenen Stärken, es gibt den Näharbeiten Stabilität.

Vliesofix

Vliesofix ist ein mit Papier geschützter Klebefilm zum Aufbügeln eines Stoffmotivs auf einen Unterstoff.

Schmuckwebband

Unsere Schmuckwebbänder sind im Kettfaden aus Polyester, im Schussfaden aus Baumwolle gewebt. Dies bedeutet, dass sie beim Waschen einlaufen. Bügeln Sie also das Schmuckwebband vor dem Verarbeiten feucht von links. Kleben Sie zur Erleichterung das Schmuckwebband mit Textilkleber auf die gewünschte Stelle vom Stoff auf und nähen es an beiden Seiten mit je einer Naht knappkantig fest.

Anleitung Tierkörper nähen

Übertragen Sie die Schablone des Körpers auf den doppelt liegenden Wollstoff. Nähen Sie die Form rechts neben der Umrisslinie mit einem Zickzackstich zusammen. Achtung: Lassen Sie an der Seite eine Wendeöffnung frei und nähen Sie die Einkerbung nicht zusammen (Bild 1).
Schneiden Sie knapp neben der Naht die Form aus. Nähen Sie nun die Einkerbungen als Boden ab, siehe Boden abnähen. Wenden Sie das Tier und füllen es mit Füllwatte und Granulat, anschließend schließen Sie die Wendeöffnung mit feinen Saumstichen.

Einen Boden abgenähen

Bevor der Boden abgenäht werden kann, müssen die Seitennähte und die Bodennaht zusammen genäht sein Anschließend legen Sie die Seitennaht genau auf die Bodennaht, so dass die Schnittkanten aufeinander liegen. Fixieren Sie die Stoffe mit einer Stecknadel. Nähen Sie nun entlang der Kanten den Boden ab (Bild 2).

Bild 1

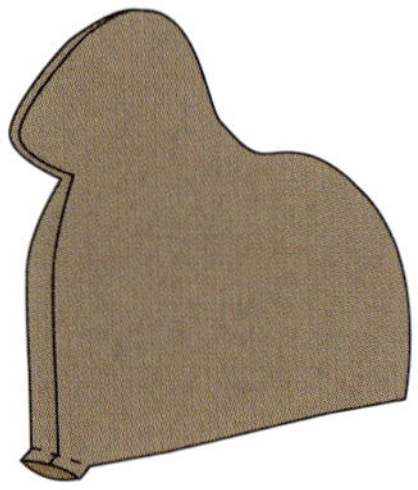

Bild 2

Nähanleitung Stoffrosette

Stoffrosette extragroß Ø 6 cm
Stoffrosette groß Ø 4,5 cm
Stoffrosette klein Ø 3 cm

Material
- Baumwollstoffe und Leinen
- Kreis-Schablone, Rapido, klein, 30 mm, Art.-Nr. 6257-8700
- Kreis-Schablone, Rapido, groß, 45 mm, Art.-Nr. 6257-8701
- Kreis-Schablone, Rapido, extragroß, 60 mm, Art.-Nr. 6257-8703

Zuschnitt
- Stoffrosette extragroß: 15 x 15 cm
- Stoffrosette groß: 13 x 13 cm
- Stoffrosette klein: 10 x 10 cm

Anleitung mit Kreis-Schablone
- Klemmen Sie den Stoffzuschnitt zwischen den Schablonenteilen fest.
- Schlagen Sie den überstehenden Stoff nach innen ein.
- Nähen Sie mit einem Reihstich in den vorgegebenen Löchern die Stoffrosette rundherum zusammen.
- Schneiden Sie die Nahtzugabe zurück.
- Entfernen Sie die Schablonen, raffen Sie den Stoff, durch ziehen an dem Faden, zu einer Rosette zusammen.
- Vernähen Sie den Faden, aber schneiden Sie den Faden nicht ab, denn damit können Sie ggf. einen Knopf auf die Stoffrosette nähen.

Anleitung ohne Kreis-Schablone
- Schneiden Sie Stoff-Kreise von 7- 13 cm zu.
- Schlagen Sie die Nahtzugabe 0,5 cm nach innen ein und reihen den Kreis rundherum zusammen.
- Raffen Sie den Stoff, durch ziehen an dem Faden, zu einer Rosette zusammen.
- Vernähen Sie den Faden, aber schneiden Sie den Faden nicht ab, denn damit können Sie ggf. einen Knopf auf die Stoffrosette nähen.

Einige der hier gezeigten Produkte sind Saisonartikel und nicht unbegrenzt lieferbar.
Die verarbeiteten Materialien erhalten Sie im gut sortierten Fachhandel oder direkt bei uns: www.acufactum.de

Impressum

1. Auflage 2010
Herausgeberin: Ute Menze

acufactum, Ute Menze
Buchenstr. 11
58640 Iserlohn-Hennen

Tel. 02304-5349 • Fax: 02304-5453
E Mail: ute.menze@acufactum.de
Internet: www.acufactum.de

Idee, Umsetzung, Gestaltung und Satz: acufactum
Styling u. Fotografie: acufactum u. Ariane Gehlert, Düsseldorf
Stickmotive: nach Illustrationen von Kerstin Heß
Druck: Mohn media Mohndruck GmbH, Gütersloh
ISBN 978-3-940193-13-1

Bibliografische Information
Deutsche Nationalbibliothek
Die Deutsche Nationalbibliothek verzeichnet diese Publikation in der Deutschen Nationalbibliografie; detaillierte bibliografische Daten sind im Internet über http://d-nb.de abrufbar.

Advent Teil 1

Advent Teil 2

3006	2051	1105	2084	3996	3832	3741
4021	3984	2089	3995	1912	3902	3042

Winterhasen

∴	3006	■	2089	TT	3996	==	2000	⧵⧵	3902
++	4021	UU	3995	✕✕	1912	ll	3832	■	3042

Kind mit Hase & Fliegenpilz

3006	2051	1105	3995	1912	3042
4021	3984	2089	3996	3741	

Wichtelkind mit Laterne

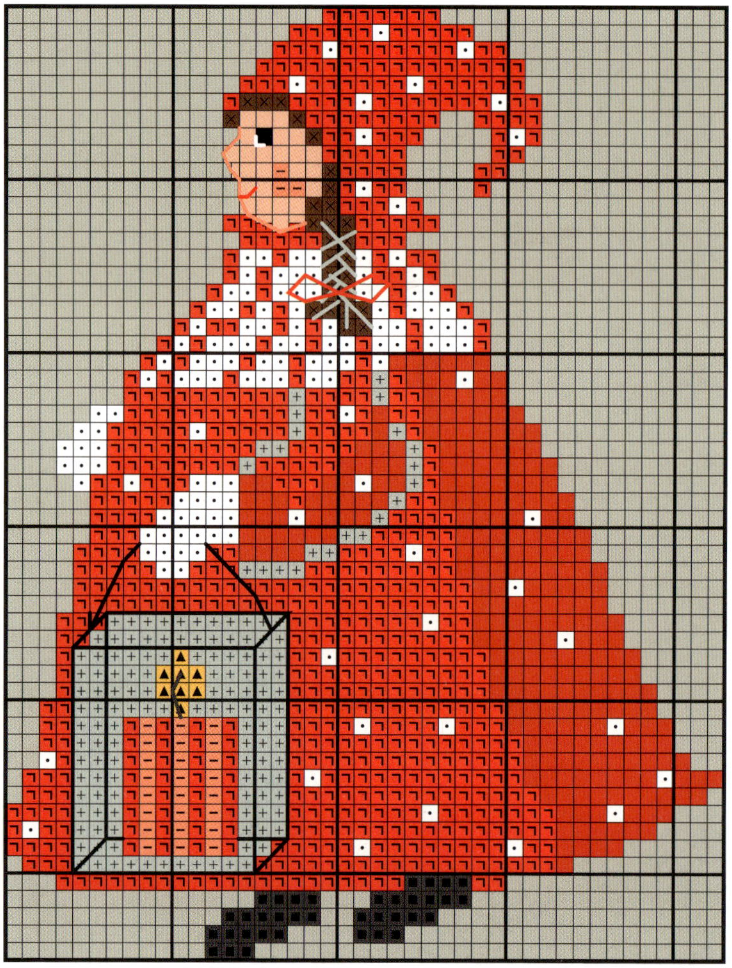

3006	2051	1105	2084	3741
4021	3984	2089	1912	3042

Wichtelkind mit Häschen & Nußschale

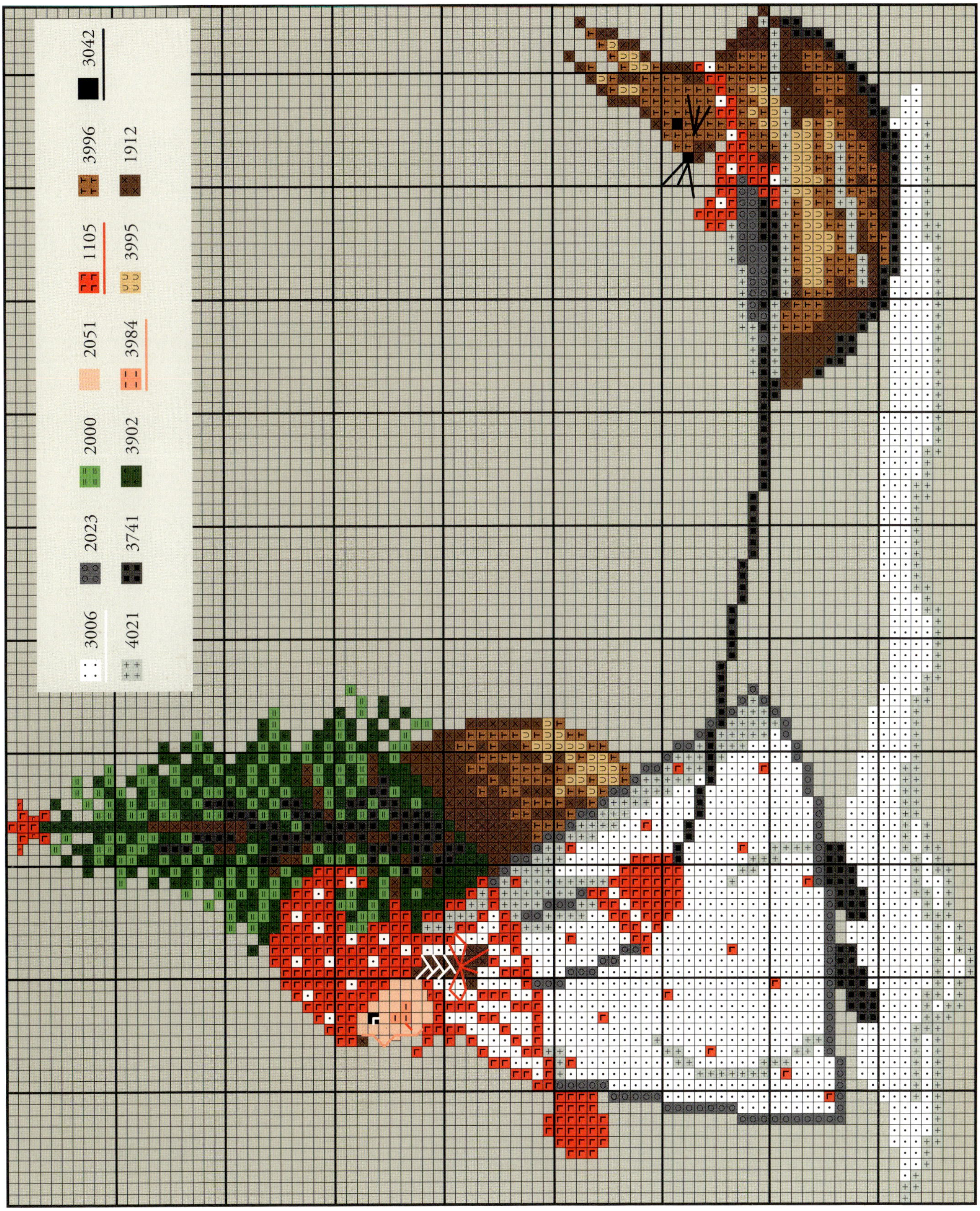

Wichtelkind mit Reh

3006	2051	1105	3996	3741
4021	3984	2089	1912	3042

Wichtelkind mit Schlitten

3006	2051	1105	3995	1912	2000	3741
4021	3984	2089	3996	3612	3902	3042

Wichtelkinder mit Sternenstab Teil 1

Wichtelkinder mit Sternenstab Teil 2

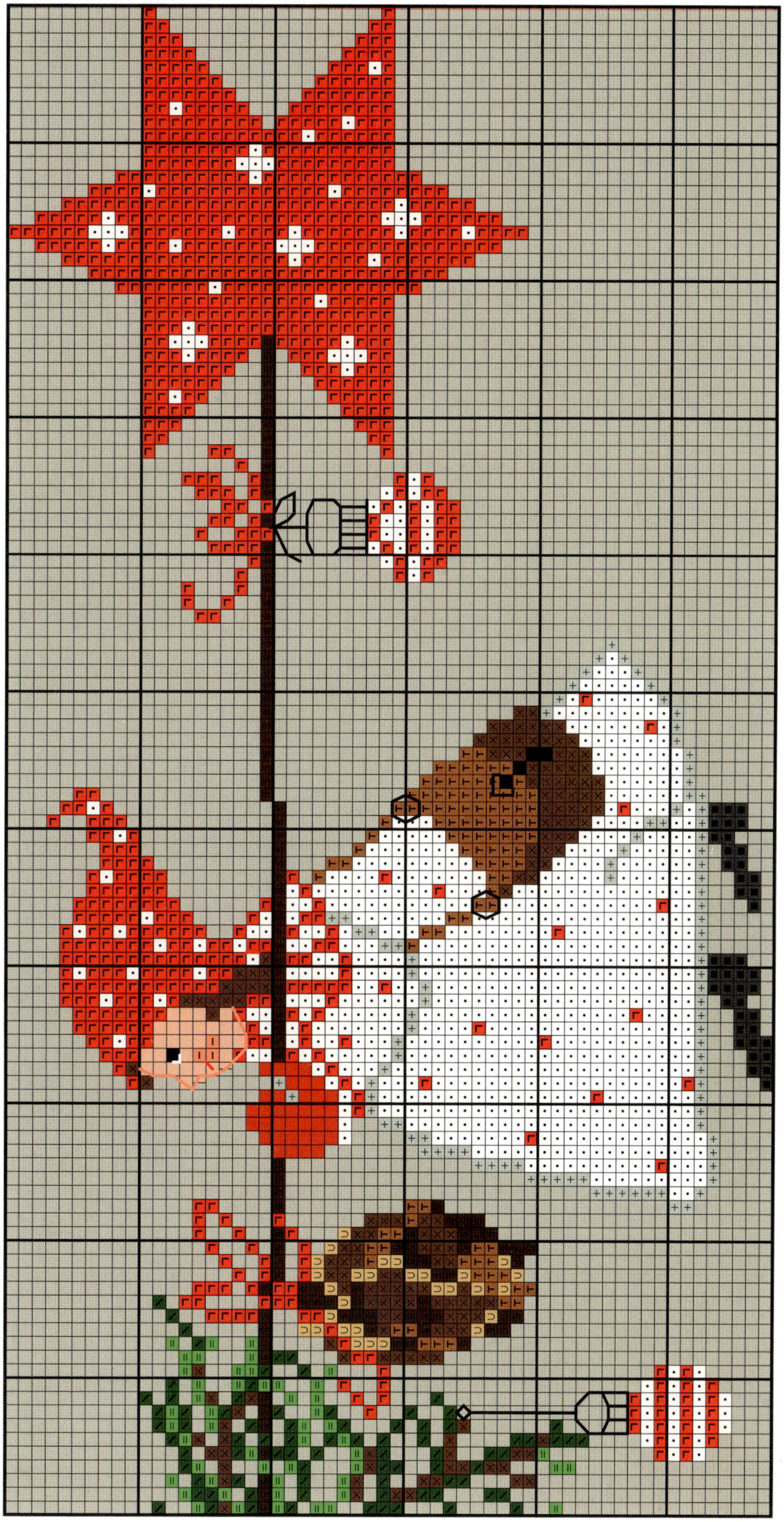

3006	2051	1105	3995	1912	2000	3741
4021	3984	2089	3996	3612	3902	3042

Rehlein

3006	1105	3996	3832	3042
4021	2089	1912	3902	

Rotkehlchen

4029	2023	2059	3832	3042
2091	3741	2089	3902	

Schablonen

Schablonen

Schablonen

Schablonen

Schablonen

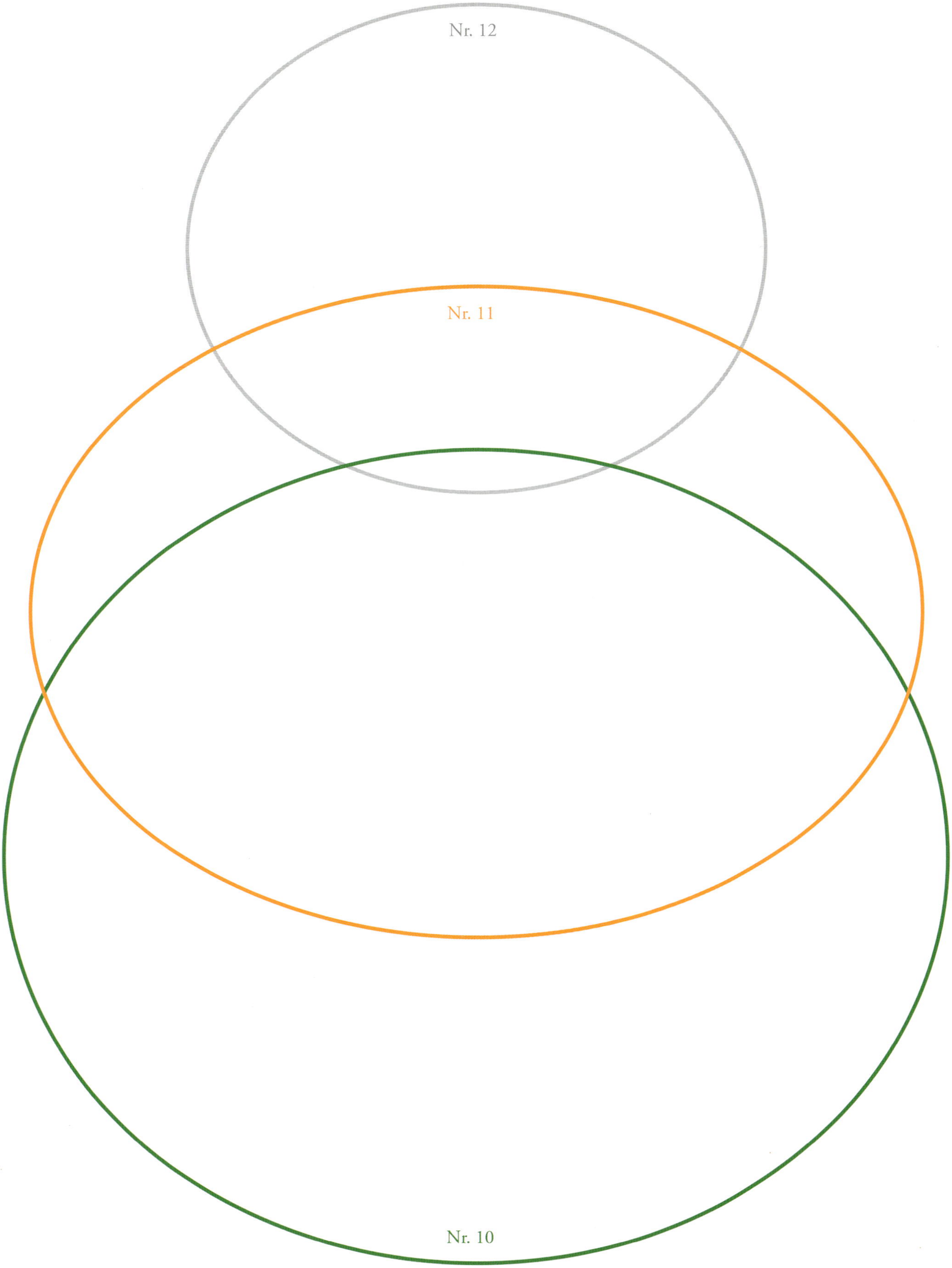

Schablonen

Zweiteilige Schablonen werden an den markierten Seiten so zusammengefügt, dass die zwei Kreishälften einen ganzen Kreis ergeben.

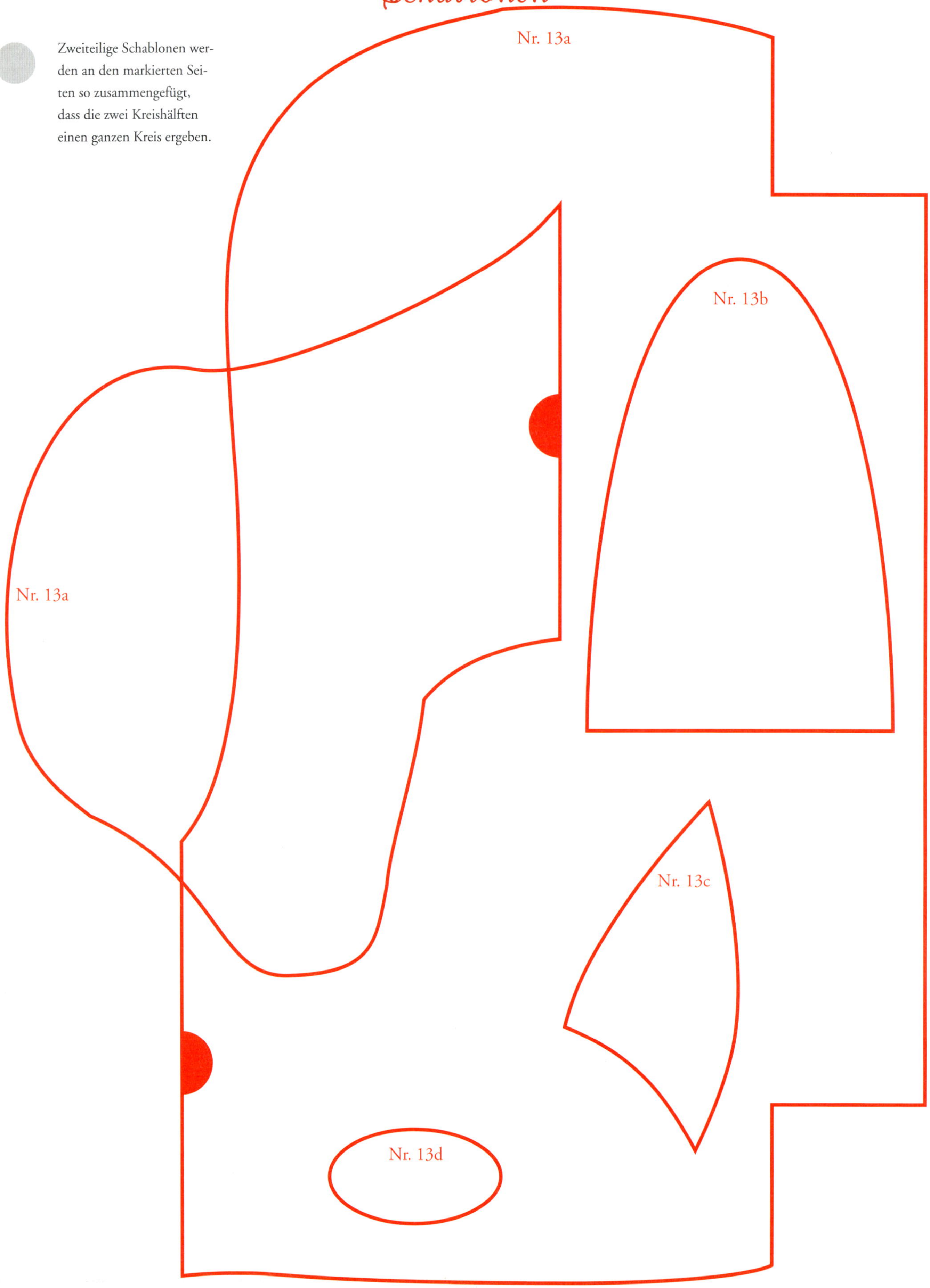

Nr. 17b
Nr. 18c
Nr. 18b
Nr. 16c
Nr. 17a
Nr. 18a
Nr. 16b
Nr. 14
Nr. 16a
Nr. 15

Schablonen

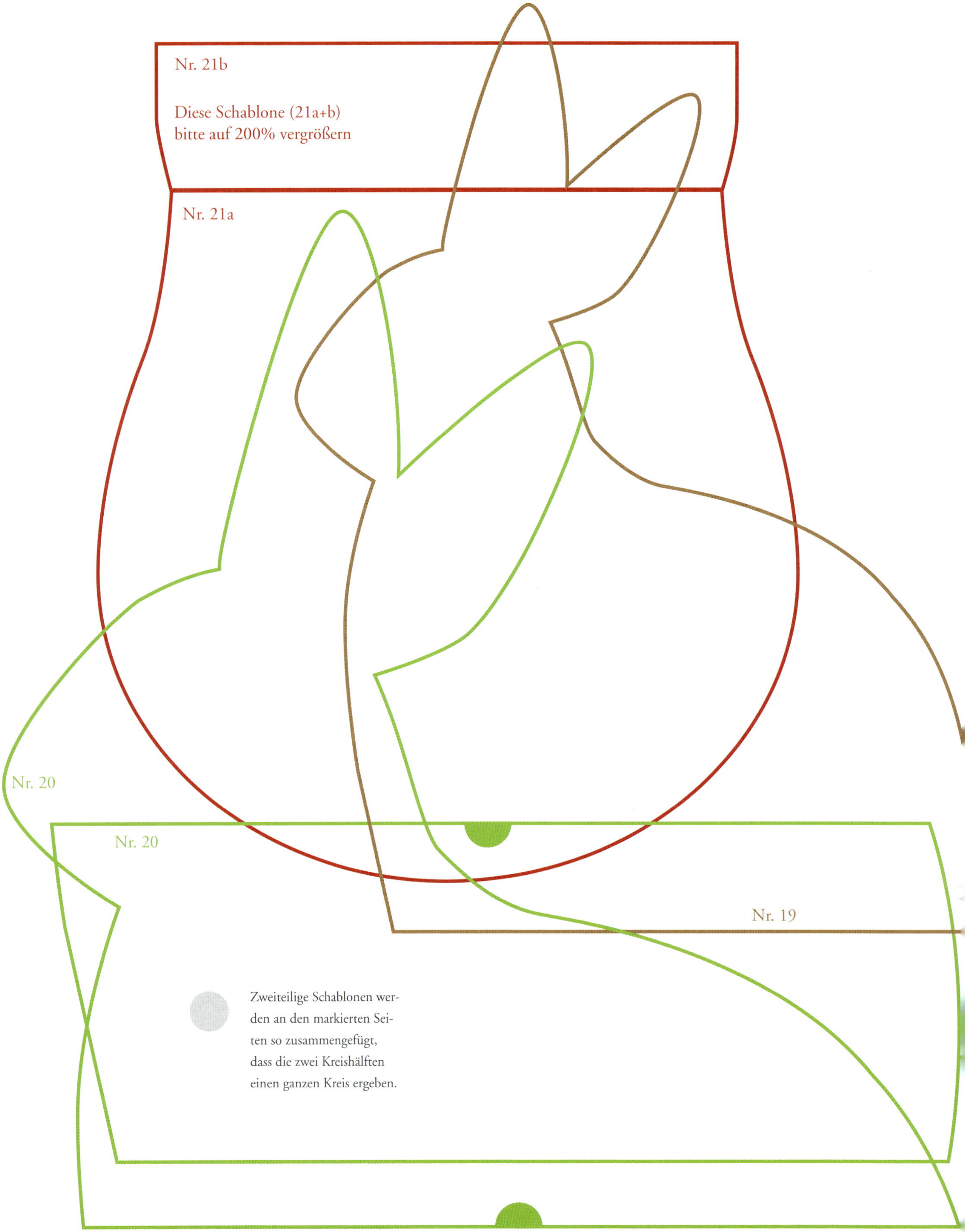

Nr. 21b
Diese Schablone (21a+b)
bitte auf 200% vergrößern
Nr. 21a
Nr. 20
Nr. 20
Nr. 19
Zweiteilige Schablonen werden an den markierten Seiten so zusammengefügt, dass die zwei Kreishälften einen ganzen Kreis ergeben.

Schablonen

Legen Sie die Bruchkante (gestrichelte Linie) der Schablone an die Bruchkante des Stoffes.

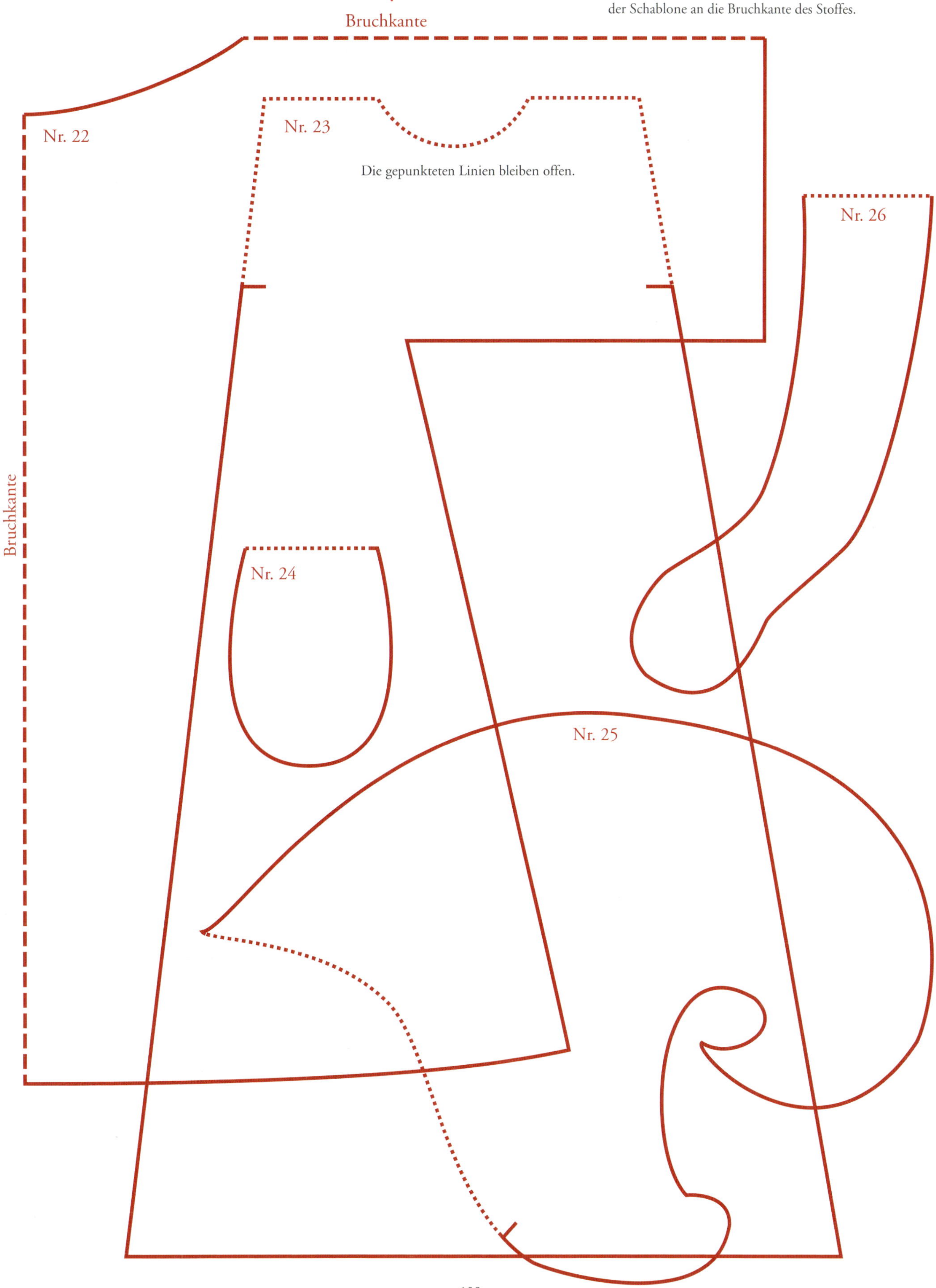

Bücher von acufactum

Landhaus-Weihnacht
112 Seiten, Hardcover,
Format 21,5 x 27 cm
Art.-Nr. 4098 / ISBN 978-3-940193-05-6

Hüttenzauber
224 Seiten, Hardcover,
Format 21,5 x 27 cm
Art.-Nr. 4095 / ISBN 978-3-940193-02-5

Glanzstücke
100 Seiten, Hardcover,
Format 21,5 x 27 cm
Art.-Nr. 4002 / ISBN 978-3-940193-08-7

Winter - Meine Jahreszeiten
Buchauszug, 36 Seiten, geheftet,
Format 21 x 29,7 cm
Art.-Nr. 4006 / ISBN 978-3-940193-12-4

Winterzeit
128 Seiten, Hardcover,
Format 19,5 x 27 cm
Art.-Nr. 4099 / ISBN 978-3-940193-06-3

Ein Herz
28 Seiten, geheftet,
Format 21 x 21cm
Art.-Nr. 4004 / ISBN 978-3-940193-10-0

ommerland
28 Seiten, Hardcover,
ormat 21,5 x 27 cm
rt.-Nr. 4096 / ISBN 978-3-940193-03-2

Sommerfrische
144 Seiten, Hardcover,
Format 21,5 x 27 cm
Art.-Nr. 4001 / ISBN 978-3-940193-07-0

Glückspilze
56 Seiten, Softcover,
Format 21 x 27 cm
Art.-Nr. 4097 / ISBN 978-3-940193-04-9

lein Gartenjahr
2 Seiten, Hardcover,
ormat 21 x 29,7 cm
rt.-Nr. 4003 / ISBN 978-3-940193-09-4

Gartenpoesie
72 Seiten, Hardcover,
Format 21 x 29,7 cm
Art.-Nr. 4094 / ISBN 978-3-940193-02-5

Sommer - Meine Jahreszeiten
Buchauszug, 32 Seiten, geheftet,
Format 21 x 29,7 cm
Art.-Nr. 4005 / ISBN 978-3-940193-11-7

Weihnachtsglanz

Dekorative Stoffkreationen mit nostalgischem Charme

Es weihnachtet sehr bei Engel, Nikolaus & Co. Mit vielen romantischen Dekorationen für eine gelungene Advents- und Weihnachtszeit wird hier der Liebhaber kreativer Handarbeit verzaubert. Dieses Buch macht Lust auf ausgefallene Deko-, Näh- und Stick-Projekte für die Weihnachtszeit.

100 Seiten, Format 21,5 x 27 cm
Hardcover, Art.-Nr. 4008 • ISBN 978-3-940193-14-8